강인욱의
고고학
여행

강인욱 교수는 고고학자로서 드물게도 유라시아를 전공으로 삼고 있다. 나는 우리 인문 분야에 강인욱 교수 같은 폭넓은 시각의 현장 고고학자가 있음을 항시 든든하게 생각해 왔다. 그는 석사과정을 마친 뒤 곧바로 러시아로 유학을 떠나, 이후 시베리아, 몽골, 중앙아시아, 중국의 여러 유적지 발굴에 참여하고 이를 보고서와 저서로 펴낸 바 있다. 이 책은 그가 지난 20여 년간 발굴 현장에서 겪은 체험을 기록한 일종의 고고학적 에세이다. 이 책에서 저자는 유물을 통하여 과거의 삶을 복원하는 고고학이라는 학문의 참 가치와 고고학자로서의 보람을 말함과 동시에 우리가 살고 있는 한반도 역시 유라시아 대륙의 일부라는 사실을 새삼 일깨워주고 있다. 나는 강교수의 이 생생한 증언록을 통해 고고학이라는 하나의 인문학이 대중과 행복하고도 즐겁게 만나는 계기가 될 것으로 기대해 마지않는다. _유홍준 미술사가, 명지대 석좌교수

우리가 들어본 고고학 이야기 중에서 가장 상큼하게 지적인 흥분을 일으키는 책이다. 그동안 고고학의 발굴과 연구과정의 뒷이야기를 쓴 책들이 있었지만, 이 책은 유물에서 나는 오래된 곰팡이 냄새가 향기롭게 느껴지게 적었다. 고고학자는 몸은 땅 속에 있어야 하지만 머리는 하늘에서 구름을 타고 훨훨 다녀야 하는 사람이다. 세상의 모든 경우의 수를 꿰고 있어야 하고 상상력이 풍부하여 끊임없이 가설을 만들고 검증하는 만능학자이기도 하다. 강인욱 교수는 이러한 고고학자의 이

상을 실현하기 위해 부단히 노력한 학자이자 유물의 뒤에 숨겨져 있는 사람들을 따뜻한 감성으로 생각하는 고고학자이다. 유라시아 대륙을 넘나드는 풍부한 고고학적인 지식 그리고 시간을 오르내리는 인간 경험을 토대로 유물을 맛깔스럽게 필자의 시각에서 해설한 새로운 설명들은 고고학을 멀리서 경원하는 독자들에게는 놀라운 흥분을 선사할 것이라 기대한다.
_배기동 고고학자

강인욱 교수는 이야기꾼 고고학자이다. 이 책에서 그는 먼 과거로부터 최근에 이르기까지 인류의 삶과 죽음에서 만나는 여러 주제를 유적과 유물로 쉽고도 흥미 있게 풀어낸다. 더불어 그 자체가 역사가 되어 버린 여러 나라 고고학자들의 갖가지 발굴 에피소드도 종횡무진 다루고 있다.

그의 이러한 글쓰기는 일찍이 러시아 유학에서 시작하여 수십 년에 걸쳐 유라시아 대륙의 수많은 유적 현장과 박물관, 연구소를 두루 섭렵하고 체험하여 얻어진 소중한 결과물인 것이다. 친근한 주제를 쉽게 풀어낸 고고학 교양서로서 일반시민과 학생들은 물론이거니와 개발에 따른 구제발굴 현장에 내몰린 한국의 젊은 고고학도들도 단숨에 끝까지 읽어낼 수 있고 새겨볼 만한 고고학 안내서라 생각되어 이에 적극 추천한다.
_이청규 한국고고학회 회장, 영남대 교수

미지의 땅에서 들려오는 삶에 대한 울림

강인욱의
고고학
여행

강인욱 지음

흐름출판

고고학자의 비밀노트를 꺼내며

이 책의 첫 페이지를 펴는 독자 여러분의 모습을 상상해봅니다. 쥐라기시대의 공룡 뼈를 캐는 이야기를 기대하는 분들이 있을 겁니다. 그렇다면 지금 바로 이 책을 덮고 지질학과 고생물학 코너로 가시기 바랍니다. 저도 공룡을 보는 건 즐겁습니다. 하지만 그들은 고고학의 주요 연구대상인 인류가 등장하기 7000만 년 전에 사라졌습니다.

영화 〈인디아나 존스〉나 〈미이라〉에 나오는 신나는 모험담을 기대하실 수도 있겠습니다. 하지만 인디아나 존스 교수가 했던 일을 약간만 흉내 내도, 아마 저는 현행법 위반으로 이 책을 이국의 차가운 감방에서 쓰고 있을 겁니다.

영화나 언론에서 다루어지는 화려함과는 달리 실제로 고고학자들은 흙먼지 자욱한 열악한 환경에서 발굴을 합니다. 간혹 먼지 구덩이 속에서 발굴을 하고 있으면, 이런 고된 일이 고고학의 진짜 모습인 줄 미리 알았다면 과연 고고학과에 들어왔을까 하는 회의가 들곤 합니다.

사실 영화나 책에 등장하는 고고학 이야기는 흥미롭고 신나지만, 실제의 고고학 발굴 작업은 긴 시간을 들여 끈기 있게 유물을 관찰하는 과정입니다. 그러니 일반인들의 눈에 비치는 실제 고고학자의 모습이

짠내 가득한 건 어찌 보면 당연하다고 여겨지기도 합니다.

보통 대중들을 위한 고고학 책이라고 하면 인디아나 존스나 트로이를 발굴한 하인리히 슐리만과 같은, 황금과 보물에 대한 이야기가 많습니다. 반면에 전문적인 고고학자들을 위한 개론서를 펼치면 전공자조차 쉽게 이해할 수 없는 외국용어와 개념들이 잔뜩 나옵니다. 그나마도 영어권의 책을 번역한 것이 대부분이어서 한국에 직접 적용할 수 있는 부분도 많지 않습니다.

이제는 황금을 찾는 모험 이야기도 더 이상은 신비롭지 않을 시대가 되었습니다. 포털 사이트를 보고 있으면 화려한 황금과 보물을 발견한 이야기가 하루에도 몇 건씩 등장하곤 하니까요. 유튜브를 비롯한 다양한 매체를 통해서도 세계 주요 유적의 최신 발굴정보나 학자들의 강연들을 실시간으로 접할 수 있습니다.

저는 이 책에서 새로운 이야기를 할까 합니다. 이 책에는 신나는 보물찾기도, 실무적인 고고학 이론도 없습니다. 대신에 저는 이 책에서 과거의 사람을 직접 만지고 냄새 맡는 고고학자로서의 생생한 느낌을 여러분과 나누고자 합니다. 다소 낯설게 들리실 수도 있지만, 저는 그 생생함이야말로 고고학이라고 하는 학문이 가진 놀라운 매력이라고 생각합니다. 생생함과 고고학, 다소 어울리지 않는 조합이죠?

저는 석사 졸업 이후 박사과정을 위해 시베리아로 유학을 떠난 직후 주로 중국, 몽골, 중앙아시아 등을 조사해 왔습니다. 다른 한국의 고고학자들과는 달리 유라시아 일대를 다니면서 찬란한 황금 유물에서 자작나무를 감싼 시베리아 원주민의 인골까지 다양한 유물들과 씨름하며 살아왔죠. 그 시간의 기록이 이 책에 녹아 있습니다.

고고학자는 일반인들이 지나치고 관심을 두지 않는 토기편 한 점을 발견할 때 작지만 소소한 행복을 느끼는 사람들입니다.

고고학의 매력은 어디에 있을까요?

저는 바로 유물을 통해 죽어 있는 과거에 새로운 삶을 부여하는 데에 있다고 생각합니다. 고고학적인 연구 대상이 되기 위해서는 가장 우선적으로 그 유물들이 원래의 기능을 잃고 땅속에 묻혀야 합니다. 즉, 죽어야 한다는 뜻입니다. 그렇게 죽고 난 다음에 고고학자들은 다시 그들을 꺼내어 부활시킵니다. 생동감 있는 삶의 모습을 밝히기 위해서는 먼저 죽어야 하는 셈입니다.

　제가 고고학의 진정한 의미를 되새기게 되었던 건 지난 2016년 러시아에서 조선시대의 미라와 관련한 발표를 했을 때였습니다. 당시 한국의 미라 자료를 소개하면서 1998년에 안동에서 발견된 이응태 묘의 출토품을 다시 살펴보게 되었습니다. 31살에 요절한 남편을 떠나보내는 부인이 써서 무덤 속에 넣어준 마지막 편지인 〈원이 어머니의 편지〉는 지금 다시 떠올려 보아도 가슴을 뭉클하게 합니다.

"당신 생전에 함께 누워서 다른 사람도 우리처럼 서로 어여삐 여기고 사랑할까요라고 말하곤 하셨지요. … 이 편지를 보시고 제발 오늘 꿈에서만이라도 나와 주세요."

　고고학자로서 제가 발굴하고 연구했던 수많은 무덤에는 이 세계를 떠나는 사람에게 보내는 남은 사람들의 마음이 담겨 있습니다. 당연한 이야기이겠지만, 죽은 사람이 스스로 자신의 무덤을 만들지는 못합니다. 무덤을 만들고 그를 기념하는 것은 바로 죽은 사람을 그리는 살아 있는 사람들입니다. 무덤은 고고학자들의 연구 대상 이전에, 우리와 똑같이 한때의 시간을 살았던 과거의 사람들이 먼저 세상을 떠난 사람에게 보내는 사랑의 표현입니다.

우리의 과거에 대한 기억은 죽음으로 수렴이 되어 망각이 되고, 망각되어 버린 기억은 다시 유물이라는 몸으로 부활합니다. 고고학자에게 유물이란 다시 살아난 기억의 편린입니다. 이렇게 죽음을 통하여 삶의 의미를 찾아가는 것, 그것이 바로 고고학입니다.

과거의 그들도 우리와 똑같이 희로애락을 느끼면서 살았을 것입니다. 하지만 그들의 숨결을 직접 느끼는 것은 쉽지 않습니다. 고고학이 찾아내는 과거 사람들의 모습은 차가운 유물뿐이기 때문입니다. 눈으로만 봐서는 절대 그 진실에 가까이 갈 수 없습니다. 유물에 숨어 있는 이야기, 아주 오래 전 그들이 살았던 모습을 상상하고 느낄 수 있을 때, 그들이 단순한 유물이 아닌 우리와 전연 다를 것 없었던 사람들인 걸 알게 됩니다.

저는 이 책에서 유물을 통해 과거 사람들과 더 가깝게 만나보고자 합니다. 미지의 땅을 찾아가 수많은 유물과 과거의 사람들을 만나 느긴 감동을 여러분께 전해드리고 싶습니다. 발굴 현장에서 돌아오는 차 안에서 혹은 흐릿한 숙소의 등불 아래에서 메모했던 저만의 노트를 이 제 꺼내 보이겠습니다.

잔설이 남아 있는 울란바토르에서

강인욱

차 례

책에 등장하는 주요 사건들

차탈 후유크 마을
9000~8000년 전

**데니소바 동굴에서
인류 화석 발견**
5만 년 전

| 6만 년 전 | 1만 년 전 | 9000년 전 | 8000년 전 |

**자후 유적에서
중국 최초의 막걸리 발견**
9000년 전

**돼지를 같이 묻은
중국 싱룽와 무덤 출현**
8000년 전

고누르-테페와 타시쿠르간에서
최초의 불 숭배 흔적 발견
4500년 전

미자야 유적에서
중국 최초의 맥주 발견
5000년 전

인더스문명 멸망
3500년 전

연해주에서
굴양식 시작
6000년 전

| 7000년 전 | 6000년 전 | 5000년 전 | 4000년 전 | 3000년 전 |

홍산문화의 시작
5500년 전

홍산문화 소멸
샤오허옌문화 등장
4700년 전

실크로드의 샤오허 무덤
만주 샤자덴하층문화에서 석경과 구금 발견
4000년 전

중국 상나라 귀이개 발견
3200년 전

카자흐스탄 탐갈리 암각화
두만강 유역에 침술이 등장
중원에서 '패국' 출현
3000년 전

**춘천 중도에서 청동기시대
대형 마을과 고인돌 유적**

3000~2800년 전

**노인-울라 흉노고분
창원 다호리의 통나무관**

2000년 전

**고조선의 〈공무도하가〉 및
젓갈 출현**

2200년 전

3000년 전　　　　　　　　　　　　　　**2000년 전**

**근동에서
조로아스터교
널리 유행**

2800년 전

**중국 전국시대 편종 등장
농경문과 고인돌의 돌칼 숭배
알타이 초원 지역 파지릭문화의 등장**

2500년 전

발해 유적에서 구금 발견
9세기

**유라시아에
돌궐제국 발흥**
7세기

슐리만, 트로이의 황금 발견
1873년

**흑룡강 일대에서
귀이개 사용**
4~5세기

10세기　　　　　　　20세기

**토리노의 성의
등장**
14세기

**부산 동래
패총을 썼던 시기**
2~4세기

**신라와 가야의 고분에서
상어고기 발견**
5세기

**연해주의 발해 유적
크라스키노 성지**
8세기

세키노 다다시의 조선유적 조사 시작
1909년

항공고고학의 등장
1914~1918년(제1차 세계대전)

**트로이의 유물,
소련으로 반출**
1945년

**하워드 맥코드,
가평 마장리 발굴**
1952년

서봉총 발굴
1926년

1910년   1920년   1940년   1950년

경주 금관총 발굴
1921년

후지모리 에이지 참전
1942년

호우총 발굴(남한 최초의 발굴)
1946년

**찰스 도슨,
필트다운인 조작**
1910년

에가미 나부오의 기마민족설 제기
1948년

공산성의 백제 갑옷(소위 명광개) 및
연천 무등리에서 고구려의 갑옷 출토
2011년

모스크바 푸시킨박물관에서
트로이 유물 재공개
1996년

카자흐스탄 이식의
황금인간 발굴
1970년

충무공의 별황자총통
위조사건
1992년

1970년	1980년	1990년	2010년

파주 서곡리의
권준 무덤 발굴
1991년

백제 무령왕릉의 발굴
1971년

후지무라 신이치의
구석기 유물 위조사건
1999년

고고학, 과거와 미래를 잇는
현재라는 다리

> "시간여행은 너무나 위험해. 차라리 여자처럼 다른
> 우주의 신비를 연구하는 게 나을지도."●
>
> - 영화 〈백 투 더 퓨처 2〉에서 에머트 브라운 박사가 한 말

언제부턴가 영화나 드라마에서 시간여행을 하는 상황이 흔해졌다. 다른 시간대로 빨려 들어간다는 설정은 어쩌면 21세기에 우주여행을 떠나는 것보다도 더 비현실적이다. 그럼에도 사람들은 시간여행이라는 테마에 쉽게 몰입한다. 그만큼 우리는 미래로의 혹은 과거로의 여행을 바라기 때문일 것이다.

고고학자는 시간여행을 몸으로 실천하는 사람들이다. 앞서 말한 것처럼, 유적지 같은 곳에서 흙을 보물 다루듯 소중하게 긁어내고 있는 사람들이 있다면, 십중팔구 고고학자다. 고고학자는 바로 그 한 겹씩 벗겨내는 흙을 통해 시간여행을 한다.

● 영화에서 이 괴짜 박사는 결혼을 안 한 노총각으로 나온다.

최근 인류의 기원과 관련된 기사 중에는 네안데르탈인과 같은 시기에 생존해 있던 것으로 알려진, 알타이 지역에서 발견된 '데니소바인'에 대한 것이 많다. 이 데니소바 동굴은 내가 유학했던 시베리아 고고민족학연구소에서 지난 40여 년간 조사하고 있는 유적이다. '데니소바'는 '데니스'라는 이름의 성직자가 이 동굴에서 은둔하며 살았다고 하는 데에서 유래했다. 하지만 실제로 이 동굴에서는 최근까지는 물론이고 1500년 전의 돌궐 시대와 2500년 전 스키타이 시대의 사람들도 살았다. 이들은 빙하기가 끝난 이후에 살았던 사람이기 때문에 지층에 그 흔적이 잘 남아 있다.

하지만 데니소바 동굴이 세계적인 명성을 얻은 것은 빙하기 시대인 소위 '홍적세'라고 불리는 시기의 지층에서 발견된 유물 덕분이다. 데니소바 동굴에는 약 6미터 두께의 흙이 쌓여 있고, 그것은 모두 22개의 지층으로 나뉜다. 지층의 가장 밑바닥은 약 30만 년 전에 형성되었다. 그리고 세계적인 주목을 끌었던 데니소바인의 화석은 바닥에서 약 4미터 위인 11층에서 발견되었다. 데니소바인은 약 5만 년 전에 살았던 사람이다. 다시 말해, 한 삽 정도의 차이를 두고 몇 만 년의 세월을 건너뛰는 셈이다.

세계를 놀라게 한 데니소바인의 뼈는 사실 콩알만 한 크기의 새끼 손가락뼈에 불과했다. 그 뼈를 분석하는 놀라운 기술만큼 중요한 건 그것이 발견된 지점이다. 고고학자가 혹시라도 그 위치를 잘못 기록했다면 그 연대는 몇 만 년씩 바뀌었을 것이다.

데니소바 동굴은 하나의 예에 불과하다. 땅 속의 흙은 일정한 시

| 22만 년의 세월이 쌓인 데니소바 동굴 지층

간을 두고 마치 케이크처럼 쌓여 있다. 한 층 한 층은 수백 년 또는 수천 년의 시간을 두고 쌓인 것이다. 발굴장에서 고고학자들이 솔이나 꽃삽으로 조심스럽게 작업할 수밖에 없는 이유가 바로 여기에 있다. 순간의 부주의한 발굴로 지나치는 층위는 두고두고 고고학자의 실수로 남게 된다. 그러니 현장에서는 낭만보다 긴장이 넘쳐날 수밖에.

고고학은 쉽게 설명하면, 유물을 연구해서 과거 사람들의 살아가는 모습, 지식, 문화 등을 밝히는 것이다. 인간은 왜 그렇게 과거 사람들의 모습에 관심이 많았을까? 단순한 호기심 때문에? 그렇지 않다. 그건 바로 과거를 생각하고, 이를 통해 미래를 예측하는 인류의 진화하는 숙명에 기인한다.

유인원이 인류로 발달한 대표적인 진화의 선택으로 '직립보행'을 꼽는다. 그런데 이 직립보행은 사실 목숨을 건 진화였다. 발달된 두뇌와 지혜를 얻는 대신에 너무나 많은 동물적인 장점을 포기했기 때문이다. 실제로 인류의 진화 과정에서 현재까지 알려진 것만 해도 약 30여 종의 인류가 있었다. 하지만 현생인류만을 제외하고 모두 멸종했다.

나무 위에서 주로 활동했던 유인원이 초원으로 내려오면서 손은 자유롭게 쓰게 되었지만, 두 발로만 걷게 되면서 그 보행속도는 현격하게 느려졌다. 때문에 오스트랄로피테쿠스 같은 초기 호미니드들은 하이에나나 표범과 같은 육식동물의 단골 사냥감으로 전락할 수밖에 없었다. 또한 직립보행을 하면서 피가 하체로 쏠리고 허리에 엄청난 압력이 가해진 탓에 허리 디스크, 치질, 탈장과 같은 사족보행동물에게는 없는 병들이 생겨났다. 게다가 두뇌가 커지는 바람에 인간에게 출산은 생명을 위협하는 일이 되었다. 인간의 두뇌가 커지는 속도만큼 여성의 골반과 산도産道는 넓어지지 못했기 때문이다.

현생 인류의 조상들은 무리를 지어서 살면서 자신들의 지식을 전달하는 과정을 반복하며 생존해왔다. 학자들은 네안데르탈인이 살던 시기에는 이미 언어가 발달하여 상당히 구체적인 지식을 전달했을 것으로 생각한다. 그들에게는 앞선 세대의 경험을 습득하는 것이 생존을 결정하는 중요한 덕목이었다. 이처럼 사람들에게 과거 조상들의 지혜는 현재의 삶을 위해 필요한 것이었다. 조상들의 경험은 언어를 통해 신화와 전설로 이어졌다. 과거의 사람들을 기념하는 행위는 4만 년 전에 발달한 동굴벽화와 같은 예술품에도 잘 드러나 있다. 이러한 장식과 예술에는 사물을 모방하여 학습을 하는 습성이 반영되어 있다. 아이들의 소꿉놀이, 코미디의 패러디 혹은 성대모사 같은 것들은 바로 그러한 인간의 습성에서 기인한다.

과거의 유물을 찾고 연구하려는 인간의 욕구는 보물찾기가 아니라 바로 현재의 삶을 살아가는 지혜를 얻기 위해서였던 셈이다. 그렇다면 인간이 최초로 과거의 유물을 인식하는 고고학적인 활동을 한 때는 언제였을까. 현재 알려진 가장 구체적인 증거는 터키에 위치한, 8000년 전의 것으로 알려진 차탈 후유크(또는 차탈 회익) 유적이다.

차탈 후유크 유적에서는 신석기시대라는 것이 믿기지 않을 정도로 사실적인 회화, 천장을 통한 출입 흔적, 집 안에 두는 무덤, 벽화, 화덕 등이 발굴되었다. 이들은 근동 지역의 '테페'라는 곳에서 특이한 마을을 이루는 형태로 발견되었다. 건조한 사막 지역에서 진흙 벽돌로 집을 지어서 살다가 집을 증개축하게 되면 그 벽을 허물어서 평평하게 하고 다시 그 위에 진흙 집을 짓는데, 이러한 과정을 반복하다보면 수십 미터 높이의 인공적인 언덕이 생긴다. 수천 년을 두고 한 지역에서 마을을 이루고 살았다면 당연히 이전에 살던 사람의 흔적이 발견될 수밖에 없는 것이다.

차탈 후유크의 사람들은 가족 구성원이 죽으면 시신을 집의 바닥

| 복잡한 지층이 쌓여서 이루어진 터키의 차탈 후유크 유적

에 묻었다. 아마 먼저 죽은 사람들이 자신들과 함께 있다고 하는 믿음 때문일 것이다. 때문에 차탈 후유크의 마을 주민들은 집을 개축하는 과정에서 전에 살던 사람들이 만든 무덤의 흔적을 발견하면 일단 공사를 중단했다. 그러고 나서 그들은 과거의 유물과 유골에 대한 경외와 공포심이 사라질 때까지 기다렸다가 그 이후에 공사를 재개한 것으로 전해지고 있다. 과거의 무덤과 유물이 단순히 지나간 시대의 물건이 아니라 지금의 자신들에게 영향을 끼치는 과거의 지식 또는 종교적인 영향을 주는 물건이었다는 걸 인식했다는 것이다.

물론 차탈 후유크 주민들의 행동을 정식 발굴로 볼 수는 없겠지만, 과거의 유물을 발굴하고 그 유물에 의미를 부여한 데에는 고고학적 사고관이 적용된 것만은 분명해보인다.

시간여행을 꿈꾸는 인간의 판타지는 지금까지도 이어지고 있다. 고고학이 발달해서 사람들이 꿈꾸던 찬란한 과거 같은 건 없다고 밝혀진다 해도 혹은 인류가 바라마지않는 미래는 결코 오지 않는다고 해도, 사람들은 여전히 시간여행을 꿈꿀 것이다. 그 이유는 지금이라는 현실에서 도피하고자 하는 인간의 본능과 색다른 시공간을 경험하고 싶어 하는 호기심에 있다.

하지만 그렇다고 하더라도 실제로 인간은 현실에서 벗어날 수 없다. 고고학은 이러한 평범하지만 불변의 진실을 재확인하는 것이다. 나의 노트는 여기에서 시작되었다. 과거의 사람들도 우리와 같은 사람이라면 우리가 느낀 희로애락의 감정을 마찬가지로 느끼며 살았을 것이다. 나만의 비밀노트에는 일반적인 보물찾기 이야기에는 없는 과거 사람들의 감성과 느낌이 생생하게 기록되어 있다.

1

죽은 이를 위한
사랑의 흔적

"공동묘지의 언덕 위에서
나는 영생을 갈구하던 영혼들의 얼굴을 보았다."

- 드미트리 플라빈스키[●]

"If you live each day as if it was your last, someday you'll
most certainly be right."

2005년 스티브 잡스가 스탠포드대학교 졸업식 축사에서 이야기
한 것이다. 보통 "당신이 매일 마지막 날인 것처럼 살다보면 언젠가
당신은 바르게 살게 될 것이다"로 해석한다. 하지만 그 말을 듣는
청중들은 웃기 시작했다. 그 뜻이 중의적이기 때문이다. "매일 오늘
이 마지막인 것처럼 살아라. 결국은 당신은 그 말이 맞다는(즉, 죽는
다는) 것을 알 테니"라는 의미도 된다. 이 당시 스티브 잡스는 암 판
정을 받고 치료를 하던 중이었다. 아마 잡스에게도 삶은 중의적인
의미로 다가왔을 것이다.

고고학자에게도 마찬가지이다. 고고학자들이 주로 발굴 대상으
로 삼는 무덤은 바로 고대 사람들이 죽음을 기억하며 그 삶의 흔적
을 남긴 것이다.

우리는 왜 죽음을 기억하려 할까.

우리는 죽음을 두려워한다. 죽음만큼 확실한 것이 없기 때문이
다. 인간은 태어난 그날부터 하루하루 죽음에 가까워진다. 이 죽음
의 공포를 이기기는 쉽지 않다.

....

● 러시아의 화가.

죽음이란 자신이 가지고 있던 모든 것들이 파괴되는 것을 의미한다. 아무리 노력해도 나는 결국 죽어서 없어진다는 것을 느끼면 자포자기하며 자기파괴적으로 살 수도 있다. 그러니 죽음에 대한 공포가 집단적으로 발현된다면 공동체 사회를 유지하는 것은 극히 어려운 일이 될 수 있다. 그래서 죽은 자와 그 영혼의 불멸함을 거대한 건축물인 무덤을 만들어 기념함으로써 살아있는 자들은 죽음의 공포로부터 벗어나고자 했다.

그런 의미에서 무덤은 죽은 자가 다시 태어나는 제2의 자궁과 같은 곳이다. 무덤에 사람을 묻을 때에 우리는 죽은 사람이 완전히 사라지는 것이 아니라 저승에서 다시 태어나는 부활을 기대한다. 여러 다양한 무덤 중에서 항아리에 사람을 묻는 독무덤(옹관묘)이라는 것이 있다. 이 독무덤은 마한시대에 우리나라 전라남도 일대에서 널리 쓰인 것으로도 유명하다. 그런데 이 독무덤은 전 세계적으로 어린아이가 죽으면 넣어서 묻는 풍습으로 널리 퍼져 있다. 그렇다면 왜 사람의 관을 항아리 모양으로 만들었을까. 항아리는 곧 어머니의 자궁을 의미했기 때문이다. 죽어 다시 어머니의 품으로 돌아가듯 몸을 구부려서 넣는 독무덤만큼 무덤의 의미를 상징적으로 잘 표현하는 유물도 없다.

무덤은 매장과 제사라는 과정을 통해 인간의 죽음을 받아들이고 그 의미를 체화시키는 상징이었다. 무덤이라는 거대한 제단에 정기적으로 제사를 지내면서 죽음은 끝이 아닌 또 다른 세계로 나아가는 과정이 되었다. 즉, 무덤은 죽음이라는 원초적인 두려움을 해결하기 위해 죽음이 다시 태어나는 황홀한 경험의 장$^{eroticizing\ death}$으로 만들었다. 사람의 죽음이라는 가장 꺼리는 상황을 극복하는 방법으로 무덤을 만들고, 그들을 기억하는 제사를 마치 축제처럼 지냄으로써 고대 사회는 유지되고 발전할 수 있었다. 무덤에는 이처럼 인류의 생존 비결이 담겨 있다.

세계 고고학 자료의 절반 이상은 무덤과 관련되어 있다. 네안데르탈인 이래 사람들은 죽은 사람의 영생을 또는 저세상에서의 행복을 바라며 정성껏 시신을 안치했다. 이 무덤 하나하나는 곧 내세에서의 복을 기원하는, 죽은 사람들을 위해 산 자가 남긴 마지막 사랑이다.

너무나 당연한 이야기지만, 고고학자가 무덤에서 꺼내는 유물은 원래 죽은 사람에게 속한 것이었다. 그건 단순한 유물을 넘어 살아 있는 사람들이 준 마지막 선물이다. 하지만 고고학자도 그런 사실을 가끔 잊어버린다. 인골이 나온다고 해도 정작 고고학자들은 상처, 변형된 뼈, 사고 흔 등에 더 흥미로워한다. 무덤을 발굴하는 고고학자들이 하는 일상적인 대화를 보자.

"뭐 재밌는 인골 좀 나왔나요?"

"제가 흥미로운 인골을 보여드리죠. 이것 보세요. 도끼로 머리를 세 군데나 찍었네요. 그 구멍 크기가 당시 사용되던 도끼의 크기와 똑같아요."

"와! 뒷머리와 옆머리의 가장 약한 부분을 정확히 찍었네요. 어디 보자, 뼈가 상처 이후에 더 자란 흔적이 없는 걸 보니 즉사한 모양

서부 시베리아의 무덤에서는 유독 눈시울을 붉히는 무덤이 많다.
5년 전 바라바 평원의 무덤에서는 두 손을 꼭 잡은 모자의 4000년 전
유골이 발견되었다.

이네요."

"조직이 살아있는 말의 미라도 발견했습니다. 위에서는 먹은 풀의 흔적이 생생하고요."

"축하해요. 진짜 재밌는 얘기가 많이 나오겠군요."

그렇다. 이게 고고학자들이 흔히 하는 내화이다. 고고학자들이 죽은 사람들을 무례하게 대한다고 생각할 수도 있다. 하지만 실상은 정반대이다. 겉으로라도 아무렇지 않은 척하지 않는다면 수많은 사람이 죽어간 무덤의 발굴과 인골 처리를 제대로 할 수 없다.

한국의 무덤에서는 제대로 된 인골을 발견하기가 쉽지 않다. 뼈 같은 유기물질은 땅의 상태에 따라서 그 원형이 잘 남아 있는 경우도 있고, 어떤 경우는 흔적도 없이 사라진다. 대체로 산성 토양의 경우는 뼈가 잘 삭아서 없어진다. 특히 한국의 경우 전통적으로 물 빠짐이 잘 되는 땅을 무덤으로 선호하는데, 이런 환경에서 인골은 더 잘 산화된다. 그러니 한국의 무덤에서 인골이 발견되는 건 특수한 경우이다. 하지만 시베리아의 무덤에서는 거의 예외 없이 인골들이 발견된다.

유학 첫해부터 시베리아 발굴에 참여했다. 1996~1998년에 조사했던 유적은 5000년 전의 청동기시대부터 몽골제국이 번성하던, 약 1000년 전까지 서부 시베리아에 살던 다양한 시대의 사람들이 만든 무덤들이었다. 달려드는 모기와 등에들을 쫓아내며 숲속에서 인골을 발굴한 뒤 두개골과 사지골을 따로 분리해서 차곡차곡 종이상자에 포장을 했다. 붓질로 인골 주변의 흙을 털고 사진을 찍고 그림을 그리는 과정을 계속하다 보면 각각의 인골들에 나도 모르게 감정이 전이되곤 했다.

한 젊은 여성의 유골이 있었다. 여성의 골반뼈 사이에서는 얇은 태아의 두개골 파편이 발견되었다. 아마 그녀는 출산 중에 세상을 떠났을 것이다. 죽음과 맞바꾸면서까지 아이를 낳았던 수천 년 전의 여인의 고통을 생각했다. 그리고 사랑하는 부인과 아이를 함께 땅에 묻었을 가족과 남편의 심정을 생각했다. 그 당시를 떠올리면 지금도 가슴이 저릿해 온다.

기나긴 여행을 위한 우주선

인류는 공통적으로 죽음을 기나긴 여행으로 생각한다. 시신이 들어가는 관은 그래서 그들의 머나먼 여행을 위해 타는 것에 해당된다.

일본의 만화영화 〈은하철도 999〉에서는 영생을 찾아 우주로 가는 교통수단으로 기차가 등장한다. 머나먼 여행을 떠나가는 이미지로 기차만큼 사람들에게 호소력이 있는 게 또 있을까. 장진 감독이 연출한 〈로맨틱 헤븐〉이라는 영화에서는 음속전투기가 천국으로 가는 상징으로 등장했다. 이 영화 속에서 인상 깊은 장면이 있었다. 중환자실에서 산소마스크를 쓰고 임종을 앞둔 어머니를 바라보는 딸이 말했다.

"엄마, 그렇게 누워 있으니 비행기 조종사 같다."

　나무로 만든 관 중에 통나무관이 있다. 한국에서는 약 2000년 전
에 창원 다호리 지역에서 살았던 변한 사람들이 썼다. 지금도 국립
중앙박물관에는 이 통나무관이 전시되어 있다. 아마도 변한 일대에
서 통나무관은 많이 쓰였을 것이다. 남아 있는 흔적이 거의 없어서
정확히 밝혀지지 않았을 뿐이다. 비슷한 통나무관은 시베리아 일대
에 널리 퍼져 있다. 통나무관을 쓰는 이유는 하늘로 자라는 나무처
럼 죽은 사람 역시 저 하늘로 올라가기를 바라는 마음에서였을 것
이다. 지금도 시베리아 주민들은 통나무를 관으로 많이 쓴다. 그리
고 아이들이 어렸을 때에 죽은 경우 돌궐 계통 주민들은 나무의 구
멍 안에 넣어서 매장했다.● 에벤키(시베리아와 극동 러시아 일대에
서 순록을 치며 사는 원주민들)의 사람들은 나무에 관을 매다는 경우
도 있다. 나무의 열매처럼 다시 부활하기를 바라는 마음에서다. 이
렇듯 영혼이 깃들어 있다고 여겨져 나무는 하늘과 사람을 이어주는

● 안이 빈 나무를 관으로 이용했다. 그 과정에서 인위적으로 구멍을 더 넓히기도 했다.

역할을 했다.

통나무 안에 매장을 함으로써 죽은 사람을 생명의 원천으로 다시 돌려보낸다는 생각은 2500년 전 알타이의 파지릭 고분에서도 발견되었다. 거대한 고분 안에는 잣나무로 만든 통나무 관이 놓였다. 그리고 무덤에는 그 주인공을 하늘로 데려갈 말도 같이 묻혀 있다. 하늘과 지상을 이어주는 통나무 캡슐에 탄 무덤의 주인은 길을 인도하는 천마를 따라서 저승으로 머나먼 여행을 했던 것이다. 지금도 제사터에서 알타이의 원주민들은 나무에 말의 가죽을 걸어놓고 하늘과 소통을 한다.

영화 〈신과 함께〉에서는 저승사자가 삼도천을 헤쳐 나가는 장면이 있다. 많은 사람들이 저승으로 가는 길을 건널 수 없는 강을 건너가는 과정으로 생각한다. 그리스 신화의 스틱스가 그러하고 우리의 삼도천이 그러하다. 그리고 많은 고고학적 유물에서도 그러한 증거들이 나온다. 4000년 전 유라시아를 가로질러 중국 신장 지역에 위치한 유적인 샤오허*에는 사막이라는 기후적 특징 덕에 거의 완벽하게 매장 당시의 형태가 보존되어 있다. 이 무덤은 마치 수십 대의 배가 무리를 지어 사막을 가로지르는 듯한 장관을 연출한다. 그 관의 끝에는 마치 배의 노처럼 생긴 표식, 즉 묘비석을 세웠다. 사막에서 발견된 샤오허 무덤은 학익진을 펴고 바다를 헤엄치는 배처럼 사막에 펼쳐져 있다.

● 샤오허의 사람들은 '토차르'라고 불리는 최초 인도유럽인들의 일파이다.

36

| 사막을 헤엄치는 배 모양의 관들로 이루어진 샤오허 무덤 전경

중국 사천 지역에서도 배 모양의 무덤인 선관장이 유행했다. 그리고 그 배 모양의 관 밑에는 '요갱'이라고 해서 작은 구멍을 파고 다시 유물을 넣은 바구니를 넣었다. 창원 다호리에서 쓰였던 것과 거의 비슷한 형태이다.

하지만 대부분의 발굴에서 관은 거의 발견되지 않는다. 흙 색깔의 변화로 관이 그 자리에 있었음을 추정할 뿐이다. 인골도 남아 있지 않는 경우가 대부분이니 무덤 안에 토기라도 없다면 그냥 구덩이라고 해도 될 정도이다. 그렇게 관도 사람도 흔적도 없이 사라진 무덤을 보면 그들이 바람처럼 여행을 떠난 것이라는 생각이 이따금 들곤 한다.

황홀한 죽음의 경험

임사체험Near Death Experience이란 죽음 직전까지 갔던 사람이 느끼는 다양한 초현실적인 경험을 말한다. 죽은 줄 알았던 사람이 다시 깨어나는 경우가 적지 않았고, 심지어는 숨이 끊어지지 않은 때에 매장을 하는 경우도 있었다. 이에 중국에서는 '경야經夜'라는 풍습이 있었다. 경야는 '밤을 지낸다'라는 뜻이다. 중국인들은 사람이 죽었어도 하루를 더 안치해서 혹시나 다시 의식이 돌아올 것을 대비했다.

서양에서도 비슷한 빈장●이 시도된 적이 있다. 1720년 독일 바

● 사람이 죽은 후 주검을 바로 묻지 않고 기간을 정해 주검을 임시로 관에 넣어두는 것.

죽은 왕이 하늘로 올라가는 것을 표현한
마야 팔렝케 석관 뚜껑에 그려진 그림

이마르에서 시작된 중간 영안실^{waiting morgue}이 바로 그것이다. 때 이른 매장으로 봉변을 당하는 것을 막기 위해 시신을 잠시 안치해두고, 혹시라도 깨어날 때를 대비해서 음식과 물을 갖추어놓은 것이다. 이 중간 영안실은 한때 유럽 전역으로 퍼지기도 했다.

최근 의학의 발달로 임사체험의 경험이 증가하고 있다. 임사체험을 체계적으로 연구하는 사람들도 늘어나는 추세다. 임사체험에서 느끼는 사후세계에 대한 모습을 실제라고 하기는 어렵다. 학계에서는 임사체험을 사망에 이르는 일련의 과정에서 일어나는 환각으로 보고 있다. 물론 임사체험과 사후세계의 존재는 여기에서 내가 다루

고자 하는 이야기가 아니다. 하지만 임사체험의 사례들을 종합하면 동서고금을 막론하고 서로 비슷한 데가 있다. 이러한 임사체험의 유사성은 사후관으로 나타난다.

임사체험의 경험에서 나타나는 공통적인 현상 중 하나는 나비의 출현이다. 뇌과학자였던 이븐 알렉산더는 예상치 않은 감염으로 혼수상태에 빠졌다가 다시 깨어났다. 그는 자신이 경험한 임사체험을 공개했고, 이후 그의 이야기는《뉴스위크지》에 실릴 정도로 큰 반향을 일으켰다. 이븐 알렉산더는 혼수상태에 빠져 있는 동안 영혼이 유체이탈하여 나비의 날개를 타고 다녔다고 표현했다.

무덤을 만들어서 시신과 함께 묻는 여러 유물들은 당시 사람들의 내세관과도 밀접한 관련이 있다. 그러니 내세관의 형성에 임사체험

중국이 국보로 지정해 돔을 씌워 보존 중인
니우허량 유적의 제단

의 기억이 개입될 가능성은 매우 크다. 실제로 나비의 날개처럼 하늘을 나는 듯한 매개체에 이끌려 저승으로 헤엄쳐가는 모습을 그린 그림은 세계 각지의 무덤에서 보인다. 마야의 팔렌케* 석관이나 중국의 고대 청동기에서 사람이 헤엄치는 듯한 모습을 볼 수 있다. 이렇게 하늘을 헤엄치는 광경은 샤먼이 하늘과 접신하는 장면이기도 하며, 또 유체이탈을 하여 날아가는 상황을 표현한 것이기도 하다.

중국 동북 지역의 홍산문화에서는 당시 최고의 신분이었던 사제들의 무덤에서 번데기와 나비 형태의 옥들이 반복적으로 출토되었다. 이는 당시 사람들의 생사관에 접근할 수 있는 실마리를 제공한다. 홍

⋯⋯⋯⋯⋯

● 멕시코에 있는 마야 문명을 상징하는 대표적인 유적지.

| 홍산문화의 무덤과 그 안에서 발견된 나비 그리고 애벌레 모양의 유물

산문화의 대표적인 제사유적인 니우허량 유적은 거대한 피라미드 형식의 제단을 쌓고 그 일대에 제사장들의 무덤을 곳곳에 배치한 제사/무덤 유적이다.

여기에서는 C자형의 돼지룡(저룡)이 나왔다. 이 유물은 마치 자궁 속의 태아 형태와 유사하며, 또한 나무에 달려 있는 곤충의 번데기 형상이라는 것이 학계의 정설이다. 번데기에서 환골탈태하여 나비가 되어 세상을 날아가는 모습 때문에 옥룡은 새로운 세상을 의미하는 것으로 널리 받아들여졌고, 이것이 홍산문화의 옥기에 반영되었다. 즉, 옥룡은 죽은 사람의 부활을 상징하는 것으로, 새로운 생명으로 다시 태어나는 것을 기원하며 무덤에 넣어진 것이다. 또한 홍산문화에서는 나비형의 옥기와 애벌레, 곤충의 모습을 한 옥기가 나왔다. 홍산문화의 옥기들을 종합하면 옥룡 형태로 있었던 애벌레가 다시 나비로 되어서 날아가는 과정을 보여준다.

이러한 나비 형상의 유물이 무덤에서 발견되는 경우는 홍산문화에만 국한되지 않는다. 양자강 유역에서 7000년 전에 번성했던 신석기시대인 허무두문화와 북극권에서 알래스카와 맞닿은 러시아의 추코트카반도에서도 발견된 바 있다. 영혼을 피어오르는 나비로 묘사하는 것은 고대 그리스 신화에서도 볼 수 있다. 프시케*는 나비인 동시에 영혼을 뜻한다. 한국에서도 나비 또는 나비의 날개를 영혼의 상징으로 자주 표현한다. 비단벌레의 나풀거리는 날개로 장

● 그리스 신화에 등장하는 에로스의 부인.

식한 천마총의 안장 등 나비가 영혼의 상징으로 등장하는 것은 매우 보편적인 형상이다.

흔히 고고학자를 탐정에 비유한다. 과학수사관들이 실낱같은 단서로 사건의 전모를 파악하듯이, 고고학자들도 작은 파편으로 남겨진 증거 속에서 죽은 사람의 사인을 밝히곤 한다. 그런데 과학수사관과 고고학자의 가장 큰 차이는 범인을 밝힌 이후이다. 고고학은 무덤이 만들어진 원인을 밝히는 것에서 그치지 않고, 당시 살았던 사람들의 모습까지도 밝히고자 한다.

앞에서도 말했듯이 고고학 하면 일반인들이 떠올리는 보물찾기의 실상은 사실 죽은 사람을 위해서 넣어놓은 마지막 선물이다. 죽은 자를 위한 선물 그리고 영생을 갈구하는 인간의 영원한 화두를 무덤에서 찾을 수 있는 것이다. 고대 메소포타미아의 길가메시 서사시, 진시황이 얻고자 했던 불사약, 나아가서 다양한 영화들에서 다시 살아나는 사람들은 영생을 꿈꾸는 인간 욕망의 다른 이름이다. 하지만 모두 영생에 실패할 수밖에 없다. 그것이 인간의 운명이다. 대신 영생하고자 하는 인간의 욕망은 무덤을 만들었고, 우리는 그를 통하여 삶에 대해 더 배우게 된다. 영원을 향한 인간의 마지막 바람과 체념이 녹아 있는 기념물이 바로 무덤이다.

우리의 생은 철길을 달리는 기차에 비유되곤 한다. 그 철길 끝을 향해 멈추지 않고 달려 처음이자 마지막으로 정차하는 종착역이 바로 우리가 죽는 순간이다. 그곳에서 우리를 맞이하는 것이 고작 무덤이라는 걸 상상해보면, 쓸쓸하면서도 슬픈 마음이 들 때가 있다.

쓰촨 지역에서 발견된 배 모양의 관(쓰촨성박물관)

죽음 이후에 어떤 세계가 있는지는 누구도 알 수 없다. 죽음은 말 그대로 끝을 의미하는 걸지도 모른다. 어쩌면 살아 있을 때 했던 여정의 몇 배나 더 긴 여정이 우리를 기다리고 있을지도 모른다. 분명한 건 누구도 그에 대한 답을 알지 못한다는 것이다.

그렇기 때문에 나는 현재에 충실하게 살아가는 것이야말로 그 어떤 것보다 중요하다고 생각한다. 어려운 수학자들이 난제에 매달리거나 천문학자들이 미지의 우주를 연구하는 것이 단지 하나의 답이나 숨겨진 별을 발견하기 위해서만은 아닌 것처럼 말이다. 과정이 없다면 결과는 나오지 않는다. 마찬가지로 현재가 없다면 미래도 없을 것이다.

2

불에 깃든
황홀과 허무

"만약 네가 먼저 잿더미로 되지 않는다면
어떻게 다시 태어날 수 있단 말인가."

- 니체, 『자라투스트라는 이렇게 말했다』 중에서

불의 사용과 인류의 진화

1991년 11월, 록스타 프레디 머큐리의 사망 이후 그의 집안은 불을 숭배하는 조로아스터교를 믿는 파르시라는 것이 알려졌다. 그의 가족은 프레디 머큐리를 조로아스터교 식으로 장례를 지내길 원했다. 전통적인 조로아스터교의 경우 조장이 원칙이다. 시신을 잘게 해체해서 독수리가 쪼아 먹은 후에 남은 뼈를 항아리에 담는 방식이다. 하지만 그의 가족은 영국에서 살았기 때문에 전통적인 방식으로 하지 않고 교회에서 조로아스터교 사제가 주재하는 식으로 장례를 치렀다. 이 사제는 프레디 머큐리의 장례식 전 과정을 고대 아베스타어로 진행했다고 한다. 장례식 후에 그의 시신은 화장되었고, 유골은 지금도 어딘가에 비밀리에 보관되어 있다. 프레디 머큐리의 죽음은 에이즈라는 질병과 조로아스터교라는 종교에 대한 관심도 증폭시켰다.

기원전 8세기경 조로아스터(본명은 스피타마 자라투스트라)에 의해 페르시아에서 널리 퍼진 이 종교는 불을 믿는 종교라는 뜻의 배화교라는 이름으로 더 유명하다. 조로아스터교가 본격적으로 확산된 것은 페르시아 제국 때인 기원전 7세기 무렵이다. 조로아스터교는 세상을 선과 악의 대립으로 설명하고 불을 세상을 정화시키는 주요한 요소로 여긴다. 지금도 조로아스터교는 프레디 머큐리의 가족이 속한 인도의 파르시들을 중심으로 남아 있다.

사실 조로아스터교는 추운 밤을 불에 의지해서 지내야 하는 초원의 생활에서 자연스럽게 등장한 종교였다. 불을 숭배하는 흔적은 유목문화의 등장과 함께 초원 곳곳에 흔히 보인다. 실제로 조로아스터교가 등장하기 훨씬 이전인 기원전 3000년 전부터 불을 숭배한 흔적이 투르크메니스탄의 고누르-테페 ● 유적에서 발견되었다. 고누르-테페의 신전 한가운데에서 제단을 설치하고 불씨를 담았던 그릇이 출토된 것이다. 추운 초원의 밤을 보내기 위해서는 불이 필수였고, 타오르는 불 속에서 사람들은 절대자를 생각했던 것이다.

고누르-테페를 발견한 소련의 고고학자 사리아니디는 기존에 알려진 조로아스터교보다 훨씬 앞서는 흔적이 이 유적에서 발견되었다고 주장했다. 서방의 고고학자들은 반신반의했지만, 최근 사리아니디의 주장을 입증하는 또 다른 증거가 중국 신장 타시쿠르간에서 발굴되었다. 기원전 2500년 전에 만들어진 타시쿠르간의 무덤에서도 시신의 바로 옆에 불씨를 담은 그릇이 출토된 것이다. 조로아스터교가 중앙아시아 초원 지역에서 기원했다는 사리아니디의 통찰력이 증명된 것이다. 불을 숭배하던 실크로드의 3대 종교인 조로아스터교는 갑자기 생긴 것이 아니었다. 이렇게 불을 숭배하

● 투르크메니스탄에서 발견된 고대인들의 도시. 그 가운데에는 최초의 불을 숭배하는 조로아스터교 사원이 발견된 것으로 유명하다.

사리아니디가 발굴한
유골의 모습

위의 무덤에서 발견된
금관의 복원된 모습

는 오랜 전통의 산물이었다.

하지만 조로아스터교가 가지고 있는 고고학적 의미 그리고 거기에 담긴 불의 상징은 이제까지 제대로 평가를 받지 못했다. 그 이유는 역설적으로 조로아스터교의 교주 자라투스트라를 세상에 널리 알려준 니체의 『자라투스트라는 이렇게 말했다』 때문이다. 실제로 니체의 이 책은 조로아스터교나 자라투스트라에 관한 것이 아니었다.

그런데 왜 니체가 뜬금없이 자라투스트라에 대한 책을 썼을까. 니체가 이 책을 구상할 무렵, 기독교로 대표되는 영국과 프랑스와 같은 나라들이 세계를 지배하고 있었고, 독일과 오스트리아로 대표되는 게르만들은 프로이센 공국으로 나뉘어서 분열을 거듭하고 있었다. 니체는 자라투스트라를 통해 유럽의 기독교 중심 철학관을 비판하고자 했다. 그는 자신의 자화상이 투영된 '초인'의 이미지를 자라투스트라로 빗대어 서술했다.

하지만 니체의 철학은 히틀러의 나치에 의해 악용되었다. 그들은 초인을 히틀러에 대입했고, 선과 악의 이분법적 사고를 인종청소를 합리화하는 근거로 사용하고자 했다. 그 외에도 다양한 신비주의적 요소를 자신들의 의식에 활용함으로써 위대한 아리안●의 이미지를 실현하고자 했다. 나치는 게르만 민족의 우월함을 강조하고

●유라시아에서 기원전 20세기에 등장한, 전차를 사용하던 사람들. 히틀러는 이들을 세상에서 가장 우월한 독일 민족의 선조라고 왜곡했다.

4000년 전 실크로드의 배화교 흔적(신장 타시쿠르간 무덤). 두 사람의 인골 사이에서 불씨를 넣은 나무그릇이 발견되었음

반유태주의를 합리화하기 위해 장엄한 바그너의 음악을 그들의 의식에 활용했다. 그리고 새로운 에조테릭(신비주의)을 강조하기 위해 다양한 의식을 도입했고, 스와스티카를 자신들의 심벌로 사용하기도 했다. 히틀러와 나치는 횃불을 자신들의 의식에 적극적으로 사용했는데, 최근 네오나치들의 의식에 횃불이 자주 등장하는 것도 이 전통을 따르는 것이다.

이런 연유로 조로아스터교는 널리 알려진 이름과는 정반대로 제대로 알려지지 못하고 있다. 조로아스터교가 가지고 있는 핵심적인 부분은 바로 불이다. 불은 인류의 진화에서 빼놓을 수 없는 중요한 구성요소였다. 인간이 불을 언제부터 사용했는지에 대해서는 학자 간에 이견이 있다. 하지만 대체로 호모 에렉투스가 등장했을 때에 불을 사용했다고 한다. 그리고 적어도 네안데르탈인부터는 우연히 산불이 난 곳에서 불씨를 얻어오는 정도가 아니라 필요한 때에 불을 사용할 수 있었던 것으로 알려져 있다. 이때를 기점으로 호모속의 인류는 동굴에서 주로 생활하기 시작했다. 불로 요리를 해먹었고, 구강 구조에도 변화가 왔다. 이빨과 하악골이 가지는 스트레스가 줄어 구강 구조가 더 유연해지면서 발달된 언어를 구사할 수 있는 기반이 갖춰졌다. 또한 불은 요리라는 행위를 통해 사람들이 함께 하는 시간을 늘려주었다. 로버트 던바는 요리를 통해서 인간에게 필요한 사회적인 시간을 충족할 수 있다고 말했다. 불을 통한 요리의 사용은 이렇게 복합적으로 인간의 진화에 작용하고, 인간의 사회성을 증진시키는 역할을 했다.

희망은 타고 남은 재에서 피어오른다

시베리아 숲속에서 발굴을 하던 유학 시절 나에게 모닥불은 고마운 존재이면서 고된 일의 상징이기도 했다. 발굴단원은 돌아가면서 식사당번을 했는데, 한국에서는 해본 적이 없는 일이라 참 고되었다. 특히 술 먹은 다음 날은 더 심했다. 발굴현장에서 누가 생일이라도 맞이하면 모닥불에 모여 앉아 밤이 영원하기라도 할 것처럼 보드카를 마신다. 하지만 아침에 일어나면 하얀 재만이 남아 있다. 불을 다시 피우려면 근처를 돌며 자작나무 껍질을 긁어모아야 한다. 자작나무 껍질은 기름종이처럼 불이 잘 붙는다.

차가운 서리가 내린 재투성이에 다시 모닥불이 타오르는 모습은 그 자체만으로 경외로울 때가 있다. 인간의 역사에서 불은 언제나 숭배의 대상이었고, 타고 남은 재는 부활의 상징이었다. 봉황이나 피닉스에 해당하는 슬라브인들의 신화 속 불새Zhar-Ptitca는 다 타고 난 재에서 부활했다. 지금은 동화가 된 신데렐라의 이야기도 사실은 '재투성이의 아가씨'라는 고대의 전설에서 유래했다.

어떠한 파티도 끝나고 나면 다 타버린 재처럼 허무하다. 그 타버린 재에서 다시 불을 피울 희망을 찾는 것은 단순한 위로나 위안을 위한 것이 아니다. 불을 피우는 그 소소한 즐거움은 힘든 삶을 지탱하던 원동력이기도 했다. 재를 보면서 불을 느낀다는 것은 얼핏 이해가 되지 않을 수 있다. 하지만 고고학자가 발굴하는 유적은 마치 타고 남은 재와 같다.

발굴을 하다 보면 과거에 불을 피웠던 자리들을 자주 만나게 된다. 특히 집자리에서는 주변에 돌을 두르고 그 가운데에 불을 피운 흔적이 반드시 나온다. 또 고대 유목민들의 무덤에서도 군데군데에 불을 피운 흔적과 그 위에서 요리를 한 듯한 동물뼈들도 발견된다. 지금 남은 것은 불을 태운 흔적과 재뿐이다. 하지만 그 불의 흔

| 인류에게 불은 역사적으로 생존의 양면성을 절실히 깨닫게 해주는 존재였다.

적을 가진 흙들을 발굴하다 보면 그 위에서 벌어진 수많은 의식, 요리 그리고 사람들의 이야기가 들리는 듯하다.

고고학자들이 타고 남은 재에서 불타오르는 불새의 역할을 하는 사람이라는 생각이 드는 유물도 있다. 중국 랴오닝 선양시에는 6000년 전 빗살무늬토기를 만든 사람들의 마을 유적인 신러유적이 있다. 여기에서는 불에 타고 숯으로 남은 새 모양의 지팡이가 발견되었다. 아마 불새나 봉황과 같은 토템을 상징하는 지팡이였을 것이다. 그런데 6000년이라는 세월이 지나면 나무로 만든 대부분의 물건은 남아나지 않는다. 그런데 이 신러유적의 불새는 어떻게 그런 세월을 버티고 남아있을 수 있었을까.

바로 과거에 불에 타서 숯이 되었기 때문이다. 나무는 그 원형을

54

유지한 채 땅속에 묻히면 서서히 사라진다. 하지만 숯은 그 원형을 고스란히 간직할 수 있다. 6000년 전 빗살무늬토기 유적의 불새는 불에 탐으로써 지금 다시 고고학자들에 의해 부활할 수 있었다. 타고 남은 재에서 다시 타오를 불에 대한 희망을 찾듯 고고학자들도 과거의 역사를 밝히기 위해 유물을 찾아 고군분투한다는 점에서 뭔가 동질감이 느껴진다.

바쁜 일상에 치이다 보면 삶의 목표라든가 이정표 같은 것들이 더는 의미 없게만 느껴질 때가 종종 있다. 불꽃처럼 타오르는 화려한 삶을 꿈꿨지만 실패하고, 꿈은 꿈인 채로 남아버린 것만 같을 때 우리는 스스로에게 실망하고 삶에 좌절한다. 그리고 자신의 한계를 규정지어 버린다. 이제 내 생은 더 이상 특별하지 않다고.

하지만 정말 중요한 것은 화려한 겉모습이 아니라 자기 안의 뜨거운 열기를 꺼뜨리지 않는 것이다. 불과 재는 둘 다 뜨거운 열기를 품고 있다. 단지 형태만 다를 뿐이다. 내 안에 아무것도 남아 있지 않다고 여겨질 때, 재 속을 헤집듯 자기 안을 천천히 들여다보아야 한다. 모든 것이 끝났다고 생각될 때 모든 것이 새로 시작된다.

3

술,
신이 허락한 음료

"진실은 와인에 있다."
- 라틴어 속담

우리는 술을 언제부터 마셨을까

고고학 자료에서 알코올이 남아 있는 경우는 거의 없다. 만약 있다면 그건 세계의 불가사의에 오를 일이 아닐까. 대신에 다양한 간접증거가 그 존재를 증명한다. 중국의 상나라 때 제작된 청동예기 중 술주전자와 술잔들이 기록과 함께 잘 남아 있다. 이후 춘추전국시대부터는 술과 관련된 기록이 많이 나온다. 한편 고고학적으로 술을 빚은 증거가 최초로 나온 것은 대체로 9000년 전이다. 물론 액체의 술이 나온 것이 아니라 발효술의 성분이 토기의 바닥에 남아 있는 것을 고고학자가 발견한 것이다.

중국 황하유역의 대표적인 신석기시대 유적인 양사오문화에서 귀리와 보리로 빚은 맥주의 흔적이 나왔고, 흑해 연안의 나라 조지아(또는 그루지아)에서는 와인의 흔적이 나왔다. 최근에는 근동의 요르단에서도 1만 3000년 전의 맥주 흔적이 나왔다는 고고학 뉴스도 등장했다. 곡물의 섭취가 일반화되어 있는 상황에서 그 발효를 이용한 음료는 자연스럽게 뒤따랐을 것이다. 최근 농경이 일반화되

● 이 속담은 사람이 와인에 취하면 마음속 진실을 말한다는 의미이다. 한편 또 다른 뜻도 있다. 와인의 좋은 맛은 쉽게 만들어내기 어렵고, 오로지 좋은 원료와 숙련된 양조 기술이 함께 할 때만 가능하다. 즉 가장 진실된 기술만이 좋은 술을 만들 수 있다는 뜻도 된다.

기 이전인 후기 구석기시대(약 1만 5000년 전)부터 곡물의 대량섭취와 빵을 제조했다는 증거가 나오고 있으니, 술의 제조 역사도 똑같이 올라갈 것으로 기대된다.

술의 직접적인 증거는 발견되기 어렵지만, 대신에 술을 담았던 토기의 바닥에 남아 있는 찌꺼기를 분석하여 술의 증거를 찾는다. 토기의 바닥을 면봉 같은 것으로 긁어서 그 안에 남아 있는 미량의 녹말, 규소체●를 분석해서 그 안에 무엇이 담겨 있었는지 추정할 수 있다.

그런데 최근 중국의 중심부인 허난성의 신석기시대 유적인 자후賈湖, Jiahu 유적에서 토기가 발견되었다. 이 토기를 분석한 결과 쌀에 꿀과 과일을 섞은 막걸리와 같은 발효주fermented beverages를 빚었음이 밝혀졌다. 이러한 결과가 나온 이유는 토기의 밀랍이나 포도 같은 과일의 껍질에 섞여 있는 맥주효모균이 곡물 속에 있는 전분과 결합하여 발효를 진행시키는 방식 때문이었다. 자후 유적에서 17개체 토기를 분석했는데, 모두 비슷한 수치가 나왔다. 당시의 사람들이 비슷한 성분의 술을 여러 개의 토기에 나눠서 담았다는 것을 의미한다. 즉, 신석기시대 초기이지만 꽤 많은 양의 발효주를 만들었고, 한국을 포함한 최초의 막걸리는 적어도 9000년 전으로 그 역사가 올라간다고 할 수 있겠다.

●●●●●●●●●●●●●●●●●●●

● 식물의 조직에 들어 있는 규소로 이루어진 미세한 입자이다. 규소체는 세월이 지나도 잘 남아 있는데, 각 식물마다 규소체의 형태가 서로 다르다. 따라서 눈에는 보이지 않는 이 규소체를 통해 어떠한 식물이 그 그릇에 담겨 있는지 추정할 수 있다.

자후의 사람들은 자포니카라는 쌀을 재배했는데, 이는 현재 동북아시아에서 주로 생산되는 종이다. 또한 여기에서는 소뼈와 거북이 등딱지로 만든 갑골들이 발견되었는데, 여러 부호가 새겨져 있어 갑골문의 기원으로 보기도 한다. 그런데 무덤에서 또 다른 흥미로운 점이 발견되었다. 고고학자들에 의해서 282호라고 명명된 자후의 한 무덤에서는 술을 담은 그릇과 함께 뼈로 만든 피리가 함께 발견된 것이다. 이 무덤의 주인공은 아마 마을에서 제사를 주재하던 샤먼과 같은 존재였을 것이다. 또한 피리는 이 인물이 가무에도 능했음을 짐작하게 한다.

한반도에서는 기원전 8~9세기가 되면 본격적으로 논에서 벼를 재배한다. 송국리문화●●라고 하여서 지금의 농촌과 거의 유사한 마을을 이룬다. 그리고 겨울이 되면 근처의 채석장에서 돌을 떼어서 마을의 족장을 위해 고인돌을 세우기도 했다. 이렇게 사회적으로 큰 마을을 이루고 공동체의 제사를 통해서 사람들은 하나의 결속감을 느꼈다. 논이라는 것이 마을 사람이 힘을 합쳐서 공동으로 일구지 않으면 안 되기 때문이다. 고된 육체적 노동에 술이 빠질 수 없다. 청동기시대의 마을 행사가 일반화되면서 음주가 필수적 요소로 자리잡았고, 쌀이 그 원료로 쓰였을 것이다.

시대는 떨어지지만 송나라 사신 서긍은 고려시대의 음주문화에

●● 지금부터 약 2900년 전 한반도 호남 지역에서 널리 발달한 청동기시대 문화로 평야지대에서 쌀농사를 지으며 마을을 이루었다. 소위 '배산임수'라는 우리나라 농촌의 전형적인 마을 배치로, 현대 농촌의 기원으로 불린다.

대해서 서민들은 밭일을 할 때나 여행 중에 주로 탁주白酒 혹은 薄酒를 마신다고 했다. 그러니 청동기시대에도 막걸리류의 술을 마셨을 것이다. 실물 술은 없지만, 다른 주변 증거가 있다.

국립중앙박물관에 전시되어 있는 '농경문청동기' 유물이 있다. 약 2500년 전 한반도에서 농사를 짓고 청동기를 사용하던 사람들이 만든 것이다. 뒤편에는 나무 위에 새가 앉아 있는 솟대가 그려져 있고, 앞쪽에는 사람이 그려져 있다. 서울대 권오영 교수는 이 사람이 벌거벗고 밭을 갈고 있다고 보았고, 제사의 한 과정으로 생각했다. 어딘가에 걸 수 있는 청동기로 세밀하게 묘사되었으니, 단순히 농사의 풍경을 묘사한 것이 아니다. 샤먼이 몸에 걸치고 매년 풍년을 기원하는 제사를 지낼 때에 걸었던 장식이다. 그리고 여기에 등장하는 사람들도 풍년을 기원하며 밭을 가는 일종의 의례를 했었다.

벌거벗고 밭을 가는 제사 의식은 조선시대까지 이어졌다. 조선시대 16세기에 활동한 유희춘의 문집『미암선생집』3권에는 함경북도와 평안도 일대에서 입춘에 벌거벗고 밭을 가는 풍습이 있다고 적혀 있다. 벌거벗고 밭을 가는 행위는 일종의 성행위를 연상시킨다. 게다가 막걸리는 정액을 연상시킨다. 때문에 벌거벗고 밭을 갈고 막걸리를 음복하고 땅에 뿌리는 행위는 다산과 풍요를 의미한다.

농경문청동기의 밭을 가는 제사행위를 묘사하는 그림 옆으로 입이 좁고 몸이 통통한 항아리가 있다. 2500년 전 이러한 의례에서 쓰

ㅣ 농경문청동기(국립중앙박물관)

| 칼을 숭배하는 모습의 암각화(여수 오림동 지석묘)

였던 술독임을 충분히 짐작할 수 있다. 씨를 뿌리는 봄에 사람들은 같이 술을 마시면서 기를 돋우고 밭을 가는 제사를 지냈을 것이다.

음복은 어떻게 했을까. 청동기시대 때 제사를 지내던 장면이 여수 오림동의 고인돌에 새겨져 있다. 그림을 보면, 가운데에 꽂힌 석검을 향해 두 명이 제사를 지내고 있다. 앞사람이 양손을 가지런히 모은 채 무릎을 꿇고 있고, 그 뒷사람 역시 공손한 자세로 서 있다 (칼에 제사를 지내는 것이 이상하게 보일지 모르지만, 사실 유라시아 일대에서 칼은 용맹했던 전사를 상징했다. 김천 송죽리나 춘천 중도에서는 고인돌 앞에 실제로 꽂혀 있는 칼이 발견되기도 했다). 제사를 지내는 사람들의 오른쪽에는 그릇이 2개 놓여 있다. 제사를 지내는 동안 조상에게 바치는 술을 담았던 그릇이다.

실제로 고인돌을 발굴하면 그 주변에서 자잘하게 깨진 무문토기 편들이 수도 없이 발견된다. 제사를 지내고 그 자리에서 제사에 사용된 그릇들을 깬 흔적이다. 제사 후 그릇들을 깨는 풍습은 유라시아 일대에 널리 퍼져 있는 것이다. 고구려인들도 무덤에서 제사를 지내면 그 그릇을 깬다는 기록이 있는데, 이것도 같은 풍습이다. 지금도 유라시아 곳곳에 있는 성황당의 일종인 오보라 불리는 제사터에서는 음복을 하고 그릇을 깬다. 이런 풍습을 '훼기(그릇을 훼손함)'의 일종이라고 하는데, 저승을 이승과 정반대로 생각하는 데에서 비롯된 것이다. 즉, 현실에서는 온전한 그릇이라면 그 그릇을 깨거나 구멍을 뚫어서 저승의 용도로 바꾸는 것이다. 한반도 곳곳에서 발견되는 고인돌을 발굴하면 산산조각이 나 있는 토기들을 흔히 볼 수 있다. 수천 년의 제사 흔적이 남아 있는 것이다.

입으로 찧어 만든 막걸리

술의 발효를 위해 누룩이 필요하다. 발효는 술의 맛과 도수를 결정짓는 중요한 과정이다. 만주의 원주민인 말갈과 물길족●은 쌀을 씹어서 다시 뱉어내는 방식으로 발효시켰다. 이 씹는 방법은 남쪽으로는 일본, 오키나와와 대만까지도 퍼져 있다.

그런데 말갈과 물길족은 농사보다는 사냥을 위주로 하는 사람들인데 쌀로 술을 빚는다는 점은 선뜻 이해가 되지 않는다. 하지만 그들의 풍습을 이은 만주족의 미아주米儿酒도 그 원료는 쌀이 아니라 기장이다. 이 기록은 중국 당나라 때에 이연수가 쓴 『북사』라는 역사서에 나온다. 이미 말갈과 물길의 사신이 직접 중국에 가던 시절이니, 그들이 가져온 술을 맛보고 기록한 듯하다.

그렇다면 이들은 술을 어떻게 발효시켰을까. 그 답은 만주 일대에서 기원전 4세기에 등장해 사방으로 확산된 온돌에 있다. 그들은 온돌의 고래 근처에 두고 따뜻하게 발효를 시켰다. 지금도 말갈과 고구려의 후손인 나나이족(혁철족)은 술항아리에 뚜껑 대신 작은 종지를 덮어 집 안에 둔다. 이런 술을 담그고 마시는 풍습은 2000년

....
● 만주의 쑹화강과 헤이룽장에서 우리나라 삼국시대에 해당하는 4~8세기에 사냥을 주로 하며 살았던 호전적인 사람들. 후에 청나라를 건설한 여진족이 이들의 후예이다.

전 강원도 지역에서 살았던 사람들의 집자리에서도 발견된다. 강원도 춘천 일대에서도 만주와 마찬가지로 온돌을 썼던 2000~1500년 전의 집자리가 있는데, 그곳에서는 온돌 근처에 뚜껑을 얹어놓은 항아리들이 많이 발견된다. 비록 과학적 분석을 하지는 않았지만, 나나이족의 풍습과 너무나 유사하다.

중국에까지 알려진 입으로 찧어 술을 만드는 말갈인들의 것은 다소 기괴한 방식으로 치부할 법하다. 그런데 이렇게 입으로 찧는 술은 의외로 널리 퍼져 있다. 일본에서 2016년에 개봉한 애니메이션 영화 〈너의 이름은〉에서는 마을의 축제를 위한 술을 입으로 찧어서 만든 '구치카미자케口噛み酒'가 등장한다.

다행히 한 고고학적 발견이 이 문제에 실마리를 주었다. 2013년, 쓰촨성의 중심지인 청두 교외인 라오관산老官山에서 한나라 시절의 무덤이 발굴되었다. 이미 중국에서는 수없이 발견된 한나라 시대 무덤이라 발굴 당시에는 큰 기대를 하지 않았다. 그런데 특이하게도 이 무덤의 주인공은 의사였고, 경락을 표시한 인체모형과 함께 이제까지 알려지지 않았던 의서―중국의 명의 편작의 의서인 『육십병방』―가 출토되면서 세간의 관심을 끌게 되었다. 이후 이 라오관산 무덤은 2013년 중국 10대 발굴로 선정되었다. 60가지의 의료 비법을 적은 이 책에서 36번째 의료 비방으로 입으로 곡물을 씹어서 만드는 방법을 다루었다.

여기에는 사람이 기가 통하지 않아 안마를 해야 할 때 반쯤 익힌 기장(황미)을 아이가 씹게 한 후, 물을 타서 약으로 쓰면 더 효과적이라고 적혀 있다. 침은 녹말을 맥아당과 포도당으로 변환시키고 저항력을 강화시키는 것으로 알려져 있다. 『육십병방』에는 이 외에도 온주, 미주, 후주 등 다양한 술을 약재로 쓴다고 적혀 있다.

실크로드를 거쳐 온 맥주의 반만년 역사

5000년 전 중국에서는 새로운 술이 등장했다. 고고학자들이 좋아해 마지않는 술, 맥주다. 스탠포드대학교 고고학자 류리는 2016년에 발표한 논문에서 최신의 분석방법으로 중국 최초의 맥주를 발견했다고 밝혔다. 그녀는 섬서성 웨이허강 유역의 5000년 전 양사오 문화에 속하는, 실크로드가 중국으로 오는 끝자락인 미자야米家崖 유적에서 밑이 뾰족하고 주둥이도 좁은, 양조를 하기에 적당한 토기를 발견했고, 그 바닥에 남은 곡물의 찌꺼기를 분석했다. 그 결과 양조에 사용된 것으로 보이는 수수, 율무, 식물의 구근 덩어리tuber 그리고 보리barley가 섞여 있음을 알아냈다. 단순하게 곡물을 담는 항아리였다면 이들 재료들을 같이 넣을 리가 없다. 맥주와 같은 술을 빚지 않고는 이 곡물들이 같이 나올 수 없다. 이렇게 중국에서 가장 최초의 맥주가 발견되었다. 게다가 보리는 중국에서 자생하는 곡물이 아니었다. 이는 바로 5000년 전에 유라시아를 중심으로 동서의 교류가 있었음을 증명하는 것이다.

원래 보리는 근동지역에서 재배하는 식물이었다. 이스라엘에서는 1만 3000년 전에 이미 보리에서 추출한 맥아를 이용해 맥주를 제조한 흔적이 발견되었다. 그리고 글자가 등장한 메소포타미아나 이집트에서는 맥주를 즐기는 것은 물론이고 맥아로 달인 술에 물을 타서 팔던 맥주집도 있었다. 하지만 중국은 기장, 수수와 쌀을 주로 재배했다. 실제로 중국 최초의 맥주가 발견된 양사오문화에서도 기장류가 주로 재배된다.

이제까지 중국에서 보리가 등장한 건 청동기가 본격적으로 발달한 4000년 전이라고 알려져 있었다. 그런데 미자야는 그보다 1000년이나 이른 5000년 전의 유적이다. 양사오문화는 물론 그 이후에도 중국에서 주로 재배한 곡식은 수수였다. 주식으로 적당하지 않은 보리가 발견되었다는 점은 중국의 신석기시대 사람들이 술을 제조하기 위해 유라시아를 건너서 보리를 수입했음을 의미한다.

실크로드를 따라서 전파된 보리의 재배는 섬서성의 양사오문화로 도입되었다. 그러면서 그들은 자연스럽게 보리로 술을 만들게 되었다. 그들은 주둥이가 좁은 토기에 보리와 함께 풍미를 좋게 하기 위해 구근을 넣고 땅에 묻어 온도를 적절히 조절하는 식의 발달된 양조기술을 보유하고 있었다. 맥주를 받아들일 정도라면 보리만 수입할 리는 없었을 것이다. 맥아를 만들어 제조하는 방법을 배우기 위해 인적인 교류도 있었지 않았을까. 맥주라는 참신한 맛의 음료를 찾는 사람들의 마음이 이미 5000년 전의 동서교류를 만들었던 것이다. 실크로드의 보이지 않는 원동력은 바로 맥주에 있었다.

중앙아시아의 끝도 없는 길을 달리다 잠시 차에서 내려 맥주 한 캔을 따서 즐겼던 그 시원한 맛은 어쩌면 반만년 전 사막과 초원을 가로지르며 실크로드를 개척했던 바로 그 사람들이 느끼던 그 맛과 다르지 않았을지도 모른다.

천국의 우유: 유목민들의 술

성스러운 두려움 느끼며 두 눈을 감을지니
그는 꿀 같은 이슬을 빨고
천국의 우유를 마실지니

제너두●라는 이름을 전 세계에 널리 알린 사무엘 콜리지의 유명한 시 〈쿠빌라이 칸, 꿈속의 환상〉은 호화로운 몽골제국 3대 왕인 칸의 일상을 묘사한 것이다. 콜리지의 이 유명한 시는 '천국의 우유를 마실지니drunk the milk of Paradise'로 끝을 맺는다. 이 천국의 우유는 바로 우유로 만든 술을 의미한다.

초원에서도 많은 종류의 술이 발달했다. 이들은 목축 동물의 젖을 이용해 술을 만들었다. 최초의 말 사육 흔적이 나온 카자흐스탄의 보타이 유적에서 토기가 출토되었는데, 이 토기의 바닥에 붙어 있는 찌꺼기를 분석한 결과 말젖을 발효시켜서 나온 유지방인 것으로 밝혀졌다. 말젖을 오래 보존하기 위하여 치즈 또는 마유주와 같

....

● 예전에 미국의 뮤지컬 제목으로도 사용된 제너두는 원나라가 건설했던 '여름의 수도'를 말한다. 흔히 초원의 낙원을 상징한다.

은 형태로 만들었던 증거였다.●● 우유의 발효과정에서 유당의 작
용으로 자연스럽게 알코올 성분이 나온 것이니, 목축의 시작과 함
께 술의 역사는 시작된 셈이다. 이후 알코올의 약리작용을 알게 된
사람들은 양젖, 말젖을 이용해서 술을 만들고, 축제에서도 이용하
기 시작했다.

이후 알타이 지역에서 황금문화를 꽃 피운 2500년 전 파지릭 문
화의 발굴로 이 우유술의 실체가 밝혀졌다. 이 우유술은 흔히 유라
시아 초원에서 쿠미스라고 불린다. 우코크 고원의 무덤 안에서 발
견된 시신 옆에서 토기와 나무로 만든 막대(스트로)가 나왔다. 막대
기로 무엇인가를 저어서 마셨다는 뜻이니, 바로 우유발효음료인 쿠
미스가 있었다는 걸 의미한다. 이 막대기는 자작나무로 만들었는
데, 자작나무의 하얀 색에는 모든 것을 정화시킨다는 의미가 담겨
있다. 유목민들에게 이 쿠미스를 젓는 행위는 세상을 조종하는 것
과 같았는데, 쿠미스는 어머니의 젖과 생명의 원천인 정액을 상징
했기 때문이다. 알타이의 전통신화에 따르면, 삼신할머니인 우마이
는 우유의 호수에서 살면서 새로 태어날 아이의 영혼들을 관리한
다. 죽은 사람의 부활을 기원하며 그 옆에 쿠미스를 놓는 것은 유목
민들의 세계관에서는 당연한 일이었을 것이다.

●● Outram, Alan, K. et al.(6, March, 2009), "The Earliest Horse Harnessing and Milking", 『Science』, 323: 1332-1335.

황금보다 맥주 한 잔

유독 고고학자들은 술과 가깝다. 이는 비단 한국뿐 아니라 전 세계 공통인 듯하다. 야외에서 고단한 일을 하고 적당히 쉬는 데에 술은 좋은 도구가 된다. 실제로 미국의 고고학자 프라이스가 저술한 『고고학의 방법과 실제』라는 책에는 고고학자의 필수품으로 당당히 '맥주'가 포함되어 있다. 맥주는 알코올 도수가 높지 않아서 적당히 마시면 원기를 돋워준다. 게다가 값도 싸서 주머니 사정이 넉넉지 않은 고고학자들에게는 단비 같은 존재다. 물론 나도 맥주를 좋아한다. 종일 유적을 조사하고 지쳐버렸을 때 그 지역의 맥주 한 잔을 먹는 즐거움은 유별하다. 그 맛은 달리 형용할 수 없다. 소소하지만 세상 어떤 호화로운 술자리와도 바꿀 수 없는 즐거움이 거기에 있다.

사실 황금 같은 화려한 유물을 평생 한 번이라도 발견하는 고고학자는 그리 많지 않다. 대부분의 나날은 흙을 퍼내면서 보낸다. 신나는 보물찾기를 생각하며 고고학에 관심을 가지는 분들에게 나는 언제나 이렇게 말하곤 한다.

"황금이나 보물은 볼 수 없을지라도 저녁에 비싸지는 않으나 맛있는 맥주를 드시게는 할 수 있을 겁니다."

화려한 황금을 찾아내는 것을 기대하며 고고학을 시작하는 사람들이 많다. 하지만 그중에서 실제로 황금을 발견하기는커녕 제대로 만져본 사람도 거의 없다. 하지만 수많은 고고학 희망자들을 고고학자로 묶어두는 것은 황금 대신에 일과를 끝나고 마시는 맥주 한 잔에 있다.

적당한 술이 주는 즐거움은 과거 인류사회의 발전에서 필수적인 요소였다. 술은 사람들의 유대를 돈독히 해주는 숨은 보조자였다. 우리 고고학자들의 삶도 어쩌면 그런 보이지 않는 술 한 잔 같다는 생각을 한다. 보이지 않는 곳에서 살면서 조용히 과거와 현대를 이어주는 일들을 하며 살고 있기 때문이다.

꼭 고고학자가 아니어도 황금 같은 거창한 것이 아닌 맥주 한 잔의 소소한 즐거움을 통해 우리는 더 행복을 느낄지도 모른다. 부귀영화를 누리며 홀로 사는 것보다 사랑하는 사람들과 함께 어울려 밤을 지새우는 것, 그것이 진정한 행복이 아닐까.

4

신에게
가까이 가기 위해

"Lucy in the sky with diamonds."

- 비틀즈

고대인들도 먹었던 보약

예나 지금이나 한국을 대표하는 약초는 인삼이다. 인삼이라는 이름이 중국에서 알려지고, 그 효능을 인정받았던 시점은 후한대이다. 인삼의 기원이 중국 북방이라는 설도 있지만, 사실 원산지는 중요하지 않다. 우수한 약재로 널리 개발된 이후 만주와 한반도 일대에서 인삼은 지속적으로 재배되었다. 고조선은 전국시대 이후 백두산 일대의 모피를 중국에 되파는 중계무역의 거점이었다. 이러한 교역에서 인삼 역시 주요 품목이었을 가능성이 크다.

인삼은 고구려와 백제 등의 나라가 중국에 선물하는 진상품이었다. 고구려와 백제의 인삼이 유명하다는 기록이 6세기경부터 등장하며, 신라의 인삼에 대해서는 7세기경부터 등장한다. 인삼은 8세기에 본격적으로 신라와 당나라의 교역품으로 등장한다. 인삼이 귀했던 이유는 만주의 산악지대에서 자라는 것만이 효능을 인정받는다는 점과 함께 장기간 보존이 어렵다는 데에 있었다. 인삼을 제대로 건조하여 장기간 보존하는 방법은 최고급 노하우였다. 누르하치

● 이 노래는 하늘을 헤엄치는 루시라는 여성을 묘사한 것이다. 1960년대 유행하던 LSD의 환각을 경험한 비틀즈의 멤버들이 만들었다. 노래 제목의 앞글자만 따면 바로 LSD가 된다. 한편, 고고학적으로도 의미가 있는 노래이다. 에티오피아에서 최초의 여성 고인류를 발굴했던 고고학자들은 당시 현장에서 듣던 이 노래에서 착안해 그 여성을 '루시'라고 불렀기 때문이다.

가 조선만이 가지고 있는 인삼 건조법을 개발하게 되었고, 그 결과 명나라와의 교역에서 유리한 위치를 차지했다는 이야기가 있을 정도로, 인삼은 단순한 약재를 떠나서 고대 동아시아 지역 간 교류의 핵심이었던 귀중한 교역품이었다.

한국사에서 가장 동북쪽에 위치했던 발해는 러시아 연해주를 관통하는 시호테-알린 산맥과 백두산 일대를 장악했다. 발해의 특산품인 인삼은 널리 인정받았다. 고조선 이래 발해에 이르기까지 인삼이 한국과 만주를 대표하는 최고의 약재였던 것은 분명하지만, 기록으로만 확인될 뿐 그 실체를 증명하기는 쉽지 않다. 다만 하나의 단서가 있으니, 바로 인삼을 채취하는 도구이다. 인삼은 뿌리가 다치지 않게 주변을 살살 긁어서 파낼 수밖에 없는데, 그 때문에 도구의 형태는 예나 지금이나 거의 변화가 없다.

러시아 연해주 일대의 발해 유적인 니콜라예프카-1 유적*과 마리야노프카 유적**에서 인삼을 캐는 도구가 몇 번 발견되었다. 송곳 같이 생긴 도구인데 뼈로 만들어졌다. 두 곳 모두 발해 유적치고는 북쪽에 있으며, 시호테-알린 산맥으로 이어지는 산자락에 위치한다. 발해는 농사만으로는 생계를 유지하기 힘들었고, 모피나 인삼 같은 특산품을 교역하는 건 선택이 아니라 필수였을 것이다.

....

● 러시아 연해주의 우수리스크 근처에 있는 발해성. 발해의 행정구역상 솔빈부에 속했다.
●● 니콜라예프카에서 북쪽으로 우수리강을 따라서 올라간 곳에 위치한 성터이다.

이 자그마한 뼈로 만들어진 인삼 채취 도구는 발해사의 중요한 문제를 해결하는 주요한 단서이다. 역사를 보면 발해는 추운 극동 변방 지역의 북쪽으로 영토를 확장했다고 되어 있다. 그런데 이 지역은 최근까지도 사람들이 살기 어려울 정도로 험한 산악 지역이다. 이런 곳에까지 왜 발해가 진출했을까 하는 궁금함은 바로 경제 가치가 높은 물품들(인삼, 모피)이 있었기 때문이라고, 이 사소한 유물들이 밝혀주고 있는 것이다.

이렇듯 인삼은 단순한 건강식품이 아니었다. 고조선에서 시작된 인삼의 채취와 거래는 발해로 이어지고, 이후 여진족이 중원을 제패하는 원동력이 되었다. 척박한 극동 산악지대의 국가가 동아시아를 제패하는 역사 뒤에는 인삼이 숨어 있었던 것이다.

감기약으로 쓰이던 마약

우리가 흔히 생각하는 실크로드는 바로 중국 신장성 남부의 길을 말한다. 타클라마칸 사막을 따라서 그 옛날 카라반들은 목숨을 걸고 사방을 다닐 수밖에 없었다. 이 사막에 오아시스를 만들고 처음으로 사람이 살기 시작한 시기는 약 4000년 전으로 거슬러 올라간다. 그들은 발달된 목축 기술과 청동기를 가지고 유라시아 전역으로 퍼져나갔던 인도-유럽인의 일파였다. 이 최초의 실크로드인들은 험난한 환경을 딛고 마을을 일구었는데, 그들의 무덤 또한 건조한 기후 덕에 잘 남아 있다. 국립중앙박물관 3층 중앙아시아실에 전시되어 있는 샤오허 유적이 대표적이다.

이 유적은 20세기 초반 중국이 아직 이 지역까지 진출하지 않았던 시절에는 몽골어로 물이 많은 호수라는 뜻의 '로프 노르'라는 이름으로 알려졌다. 실크로드에 관심이 많은 사람이라면 로프 노르라는 이름이 낯설지 않을 것이다. 아우렐 스타인이 떠도는 도시의 소문을 듣고 탐사에 나섰다가 가이드의 잘못으로 죽을 고비를 넘기는 지역이 바로 이곳이기 때문이다. 스타인이 조사했던 이 유적은 이후 중국이 들어서면서 샤오허로 개명되었고, 최근까지도 조사가 활발히 이루어지고 있다. 이 유적에서는 미라는 물론 의복과 약초들도 고스란히 발견되어 녹록치 않았던 사막 생활을 견뎌낸 과거 사람들의 지혜를 엿볼 수 있다.

이 유적에서 발견된 사람들은 같은 시대의 다른 지역 사람들보다 치아의 마모도 및 아래턱에 염증이 생기는 하악관절염의 비율이 비교적 높았다. 그 의미는 좀 더 거친 음식들을 많이 먹고 씹어야 했다는 뜻이다. 생활이 그렇게 편하지는 않았을 것이다. 삭풍이 몰아치는 겨울은 더 혹독했을 것이다. 그런데 샤오허 주민들이 험난한 환경을 이겨내는 데에 도움을 주던 약초가 있었으니, 바로 마황이었다.

샤오허 무덤 속 시신의 주변에서는 마황 줄기가 많이 발견되었다. 마황의 에페드린 성분은 환각작용을 일으키는 부작용이 있지만, 진해거담의 효과가 아주 좋아서 전통적으로 감기약으로 많이 사용되었다. 이 지역은 겨울이 춥고 길기 때문에 사람들은 하루의 대부분을 천막 안에서 보냈다. 특히 봄에 부는 엄청난 모래 폭풍은 지금도 가끔 기사에 보도될 정도로 가혹하다. 이런 환경에서 천식과 같은 기관지병은 가장 흔한 풍토병이었다. 마황은 실크로드 일대에서 널리 자란다. 타클라마칸 사막의 먼지로 답답한 목을 확 뚫어주었을 마황은 그 옛날 실크로드인들에게 고마운 치료제였을 것이다.

신에게 다가가기 위한 버섯

시베리아에서 발굴을 하는 동안 사람들이 좋아하는 취미 활동은 뭐니 뭐니 해도 버섯 따기였다. 아무리 발굴로 바쁘더라도 비가 온 다음 날에는 너나 할 것 없이 양동이를 들고 숲으로 버섯을 따러 갔다. 이후 독버섯을 골라낸 뒤 소금에 절이면 그것만으로 최고의 요리가 되었다.

시베리아의 버섯 중에는 유독 빨갛고 예쁘게 생긴 것이 있다. 광대버섯으로, 환각작용도 크고 치명적인 독도 가진 위험한 버섯이었다. 그런데 과거 사제들은 의식을 행할 때 이 독버섯의 약효를 이용하기도 했다. 시베리아의 샤먼들은 하늘과 맞닿는 엑스타시(초월 상태)를 일으켰는데, 이러한 정황은 유라시아 초원 일대의 암각화에 남아 있다.

알타이 칼박타시 암각화를 비롯해, 다양한 암각화에 나타난 여러 샤먼들의 모습은 공통적으로 머리가 버섯 모양이었다. 기독교나 불

버섯머리의 사람이 새겨진 암각화(러시아 알타이에 있는 칼박타시 유적)

교 할 것 없이 신격화된 모습은 머리 뒤로 아우라 같은 광채가 비치는 것으로 표현된다. 시베리아의 샤먼들은 광채 대신에 머리에서 버섯이 자라는 듯한 모습으로 표현된 것이다. 놀랍게도 이런 버섯머리의 샤먼은 알래스카와 이어지는 북극해 추코트카 반도의 페그티멜 암각화에서도 발견되었다. 페그티멜 암각화는 한국에서도 제법 알려져 있다. 반구대 암각화와 마찬가지로 고래잡이를 하는 장면이 있기 때문이다.

아메리카 대륙의 암각화에서도 이런 버섯머리의 샤먼이 발견된다. 이는 1만 5000년 전 후기 구석기시대부터 버섯을 이용한 샤먼들이 유라시아 곳곳에 있었고, 이들의 일파가 신대륙으로 건너갔다는 증거일 것이다.

몽골 울란바토르 근처에 약 2000년 전에 만들어진 흉노 선우(왕) 고분에서도 버섯의 흔적이 발견되었다. 바로 2007년에 발굴된 노인-울라 20호 고분이다. 진흙구덩이 같은 무덤 속에서 수천 년간

고래사냥 모습과 버섯을 쓴 사람들이 새겨진 암각화(러시아 추코트카 반도)

버섯을 들고 있는 '유럽인'의 형상을 한 남자의 그림(몽골 노인-울라 흉노 고분)

묻혀 있던 탓에 정확한 그림들은 알아보기 어려웠지만 다년간의 복원작업 끝에 그 면모를 엿볼 수 있었다. 카펫에 그려진 그림은 유럽인종에 가까운 사람들이 일렬로 서서 무슨 의식을 거행하는 장면이다. 그런데 흥미롭게도 이 그림에는 외견상 중앙아시아 계통의 유럽인으로 보이는 사람이 버섯을 들고 흡향하는 장면과 음료수를 만들어서 마시는 장면이 있다.

시베리아 과학원의 식물학 전공자의 분석 결과 이 버섯은 매직머쉬룸Psilocybe cubensis 종류로 판명되었다. 이 매직머쉬룸은 환각성분인 실로사이빈psilocybin을 함유하고 있다. 그 앞의 제단에는 연기가 피어오르는 향로가 놓여 있고, 버섯을 든 사람 앞에서 제사를 주재하는 사제는 그 연기를 들이마시고 있다.

2018년에 국립중앙박물관에서도 전시한 적이 있는 이 노인-울라 카펫에 그려진 버섯을 든 인물은 얼핏 오락게임 캐릭터인 슈퍼

마리오를 떠올리게 한다. 하지만 그 내막을 살펴보면 거기에는 신의 경지에 다다르기 위한 제관들의 필사적인 노력이 담겨 있다.

현대에 이르러 이 매직머쉬룸을 이용하여 환각제를 만들려는 시도가 있었다. 1960년대 뉴욕에서 심리학을 연구했던 에드워드 제섭Edward Jessup은 멕시코 아즈텍의 마야인들이 제사 때에 사용했던 매직머쉬룸에 착안해 환각제를 만들려고 했다. 일부 사람들은 환각 작용을 하는 독버섯을 파티 드럭으로 여전히 사용한다고 한다. 이들에게는 고대 샤먼들과 달리 말초적인 즐거움이 목적이겠지만, 환각버섯의 역사가 지금까지 이어진다는 점은 흥미롭다.

신이 허락한 환각의 음료

이 매직머쉬룸은 불을 신성시하는 조로아스터교 의식의 한 장면과도 연결된다. 약 3000년 전경부터 페르시아 계통의 주민들 사이에서는 '하오마'라는 신성한 술이 널리 유행했다. 인더스 문명에서도 '소마'라는 음료가 있었는데, 둘은 비슷한 용도로 쓰였다. 즉, 제사 때에 사용하는 신을 위한 음료였다. 제사에 참석한 제관은 이 술을 접신을 위한 수단으로 마셨다. 그리고 그 효과를 극대화시키기 위해 환각성분이 있는 매직머쉬룸을 이용했다.

앞에서 언급한 투르크메니스탄에서의 고누르-테페 유적 안에서 출토된 그릇 안의 찌꺼기를 분석하니 마황과 대마의 꽃가루가 대거 확인되었다. 같은 유적의 또 다른 제사터에서는 양귀비의 흔적도 발견되었다.

　종교의식을 위하여 신관들은 엑스타시에 이르러야 했고, 하오마는 그 경지에 이르기 위한 수단이었다. 하오마의 전통은 이후 2000년 전 몽골에서 제국을 이룩한 흉노로 이어졌다. 앞에서 설명한 환각버섯이 발견된 흉노의 무덤에서는 또 다른 카펫의 파편이 발견되었다. 그런데 이 카펫은 버섯 그림이 있는 카펫보다 보존상태가 너무 좋지 않아서 무엇을 하는 장면인지 제대로 파악하기 어려웠다. 심지어 노인-울라의 흉노 유물이 2018년에 국립중앙박물관에서 전시될 때에도 전시품에 포함되지 않을 정도였다.

　그런데 우연히 나에게 이 유물을 볼 수 있는 행운이 찾아왔다. 올해 초에 몽골 울란바토르로 학회 참석을 위해서 2박 4일의 짧은 출장을 다녀왔다. 새로 나온 유물자료의 조사도 겸하는 빠듯한 일정이었다. 이 짧은 기간에 뜻하지 않게도 이 파편으로 남은 카펫을 직접 조사할 수 있었다.

　몽골고고역사연구소의 지하에 있는 유물 보관실로 자료를 조사하러 몽골의 관계자와 함께 내려갔을 때에 믿을 수 없는 광경이 펼쳐졌다. 연구소 직원들이 이 미스터리의 카펫 조각을 펼쳐놓고 기다리고 있었다. 남아 있는 부분이 워낙 파편인지라 처음에는 무슨

| 하오마를 빚는 장면이 담긴 카펫(몽골 노인-울라 20호 고분)

장면인지 알아볼 수 없었다. 하지만 자세히 보니 책으로만 보았던 바로 그 하오마를 내려서 마시는 장면이 아닌가. 순간 등골에 전기가 흐르듯 전율이 일었고, 곧 정신없이 카펫을 조사하기 시작했다. 사람들의 형체는 잘 알아보기 어려웠지만 위엄 있어 보이는 사람이 의자에 앉아 있고, 그 앞에서 삼각대에 그릇을 달아 어떤 액체를 받고 있는 장면은 확인할 수 있었다.

바로 고누르-테페를 발굴한 사리아니디의 연구였음이 한참 뒤에 생각났다. 사리아니디는 발굴자료를 근거로 하오마를 만드는 방법을 복원했다. 그에 따르면 큰 항아리에 음료를 담아두었다가 제사 때가 되면 그 발효된 음료를 지푸라기나 양피지로 만든 깔때기로 걸러서 작은 단지에 받아서 마신다고 했다. 사리아니디가 생각한 것과 정확히 일치한 장면이 약 3000년의 시간을 두고 머나먼 동쪽의 흉노 고분에서 발굴되었다니, 놀라울 따름이었다.

조사를 끝내고 사무실로 올라가서 연구소의 관계자들에게 감사를 표하자 무슨 소리를 하는지 모르겠다는 듯 어리둥절해하는 표정이었다. 그제야 내가 몽골 측에 부탁한 자료는 하오마와 관련된 것이 아니라 흉노의 뒤를 이어서 유목제국을 건설하며 고구려와 관계를 맺었던 선비 및 유연제국의 자료라는 것이 떠올랐다. 이 흉노의 카펫은 나를 위해서 배려한 유물이 아니었다. 몇 달에 한 번 있는 정기적인 조사를 하기 위해 유물을 펼쳐서 검사하는 짧은 그 순간에 내가 들어온 것이었다. 그렇지만 30분도 안 되는 짧은 시간에 무엇인가에 홀린 듯 조사했던 그 카펫과 하오마에 대한 기억은 강렬하게 남아 있다.

대마로 이어진 유목민들의 잔치

서부 시베리아의 평원에서 발굴할 때 이름도 모르는 수많은 잡초들 속에서 유독 역한 냄새가 나며 잎사귀가 옆으로 나는 특이한 형태의 풀이 있었다. 알고 보니 대마의 일종인 코노플리였다. 헤로도토스는 그의 책『역사』에서 스키타이인들이 이 대마를 사용해서 어떻게 의식을 거행하는지를 자세히 기록했다.

"친척의 장례가 끝나면 그들은 세 개의 막대기를 서로 기대게 세우고 그 위에 카펫을 둘러서 밀폐된 공간을 만든다. 그리고 그 안에 돌멩이가 담긴 화로를 가져다 놓는다. 이 화로 속에 대마의 씨앗을 넣는다. 돌멩이들 위의 씨들에서 연기와 증기가 나기 시작하는데, 헬라스의 어떤 증기탕도 비교가 안 될 정도이다. 그러면 스키타이인들은 그 증기가 좋아서 비명을 지른다. 그들은 그것으로 목욕을 대신한다."

헤로도토스는 직접 사방을 다니면서 자료를 모았다. 헤로도토스는 실제로 스키타이의 나라도 답사하고 기록했다. 이 대마초로 하는 증기욕은 고고학으로도 증명이 되었다. 1950년대에 루덴코가 발굴한 파지릭 고분에서 대마초를 피우기 위한 '증기욕 세트'가 발견되었다. 왕으로 추정되는 시신의 옆에 6개의 나무막대, 양탄자 그리고 돌과 대마씨앗이 담겨 있는 구리솥이 함께 발견된 것이다. 왕이 죽어서도 증기욕 세트를 무덤에 가지고 갈 정도로 당시 대마 증기욕은 고위층 사이에서 널리 유행했던 것 같다. 그리고 최근 다른 알타이의 고분에서도 증기욕에 사용하는 나무막대기들을 묻은 흔적이 발견되었다. 물이 귀하고 추운 지역이었으니 증기욕은 그들이 누릴 수 있던 최고의 사치였을 것이다.

대마 증기욕이라고는 하지만 대마 씨앗을 피우는 것만으로는 강한 환각을 경험하기는 어렵다. 그러니 이런 환각이 강하지 않은 증기욕은 일반 사람들 사이에서 널리 확산될 수 있었을 것이다. 한국

사람들이 명절이 끝나면 가족끼리 찜질방을 가서 친목을 도모하는 것처럼 말이다. 게다가 시베리아 일대에서 야생하는 대마는 환각성분이 거의 없다. 파지릭 고분에서 발견된 환각성분이 강한 대마는 중앙아시아에서 수입해온 것일 가능성이 크다.

보통 유목민들은 여름과 겨울에는 서로 떨어져 각자 유목을 하다가 목초지로 이동하는 봄과 가을에 만난다. 6개월 만의 만남이니 서먹할 수도 있을 것이다. 부족장들끼리 모이기라도 하면 혹시 그 사이에 누군가가 배반을 했고, 살해당할지도 모른다는 불안감을 서로 가지게 될 수도 있다. 그러니 그들에게 질펀한 잔치는 단순히 즐기기 위한 것이 아닌 나름 집단을 유지하기 위한, 모두의 생존을 위해서 꼭 필요한 사교술의 일종이었다.

헤로도토스가 페르시아인들의 회합을 목격하고 기록한 것이 있다.

"부족장의 회합일 경우 같이 앉아서 밤새 술을 마시며 결정한다. 밤새 술에 취해서 서로의 속마음을 나누며 회의를 한 페르시아인들은 다음 날 술이 깬 뒤 다시 모여 전날 저녁에 결정했던 것을 다시 이야기한다. 결론이 변함이 없으면 그것으로 결정했다."

술잔치만큼이나 아침의 회합도 중요했을 테니, 나름의 해장술도 곁들였지 않았을까.

즐겁게 살아간다는 건 중요하다. 그것이 정신적인 즐거움이든 육체적인 즐거움이든, 삶을 지속하기 위해서는 즐거움이 필요하다. 어느 것이 더 중요한지는 알 수 없다. 각자에게는 각자의 가치관이 있기 때문이다. 하지만 한 가지만은 분명하게 말할 수 있다. 이 즐거움을 추구할 때에 균형이 필요하다는 것. 그리고 절제도 필요하다. 왜냐하면 대가 없는 즐거움은 없기 때문이다. 쾌락만을 좇는 대가는 늘 생각보다 위험하고 치명적인 칼날이 되어 우리를 향한다.

인류의 역사가 마약들과 함께 했지만, 멸종되지 않고 살아남을 수 있었던 건 지혜 때문이었다. 지혜는 단순한 지식과 다르다. 지혜는 누구나가 가질 수 있는 것이 아니다. 지식이라는 것에 사유, 성찰 그리고 자기의 절제가 더해져야만 지혜는 생겨난다.

어떻게 사는 것이 진정으로 지혜로운 삶일까? 오늘도 나는 그 고민을 하며 살아가는 중이다.

5

마음을 울리는
소리 없는 음악

"말이 사라지고 나면, 음악이 시작된다."

- 하인리히 하이네

샤먼과 뮤즈

2015년 카자흐스탄의 세계문화유산인 탐갈리 암각화를 조사했을 때였다. 알마티에서 차로 다섯 시간을 달리면 병풍처럼 늘어진 바위산이 나온다. 그 바위산 곳곳에는 3000년 전에 그려진 암각화들이 빼곡하게 채워져 있다. 유라시아 곳곳에 암각화 유적이 있지만, 특히 탐갈리 유적은 세계문화유산에 등재될 만한 가치가 충분했다. 샤먼을 둘러싸고 춤을 추는 그림은 생동감이 넘쳐 마치 차가운 돌에서 음악소리가 나는 것만 같았다. 탐갈리 암각화에서 느껴지는 생동감은 유라시아의 어느 유적에서 찾을 수 없을 정도로 독보적이다.

사실 암각화에서 음악을 느낄 수 있었던 건 시베리아를 조사하러 다니면서 수많은 무당의 의식을 직접 보고 그들의 음악을 들었기 때문이었다. 고대에는 신神에게 이르는 특권을 보장받은 샤먼들만이 악기를 연주할 수 있었다. 한국의 무당들이 굿을 할 때 반드시 다양한 음악과 춤이 동반되는 것과 유사하다. 기본적으로 시베리아의 샤먼들도 하늘에 이르는 방법으로 음악을 사용했다. 선사시대 이래로 샤먼들이 거의 비슷한 방식으로 의식을 거행했다는 사실

....

● 독일의 시인.

89

은 암각화를 통해 확인할 수 있었다. 하지만 음악의 위력을 바이칼의 무당들이 하는 의식을 실제로 보기 전까지는 제대로 깨닫지 못했다.

암각화에 새겨진 샤먼이나 지난 세기의 흑백사진 속에 남겨진 샤먼들의 모습은 얼핏 초라하고 보잘것없어 보인다. 20세기 초 소련이 들어선 이후 정부는 샤먼의 의식을 엄격히 금지했고, 이로 인해 샤먼들은 조용히 자취를 감췄다. 샤먼이 부활한 것은 1990년대, 소련이 붕괴된 직후였다. 하지만 한동안 끊겼던 전통 때문이었는지, 1990년대 내가 유학 시절에 본 샤먼의 모습은 어딘지 어설프기만 했다.

진짜 초원의 샤먼이 가진 위력을 느낀 것은 2014년에 바이칼에 위치한 부리야트 공화국(몽골계인 부리야트인들이 사는 러시아의 자치공화국)에서 매년 열리는 샤먼 축제에 참석했을 때였다. 부리야트인들은 자신들의 전통적인 문화를 되살리기 위해 다방면으로 노력을 하고 있었고, 그 중심에 샤먼의 의식이 있었다. 샤먼 축제가 열린 곳은 툰카라는 지역으로, 산맥이 병풍같이 둘러싸인 곳이었다. 바이칼 호수 안의 올혼섬과 함께 바이칼 근처에서 가장 영기가 세다고 여겨지는 곳이었다. 나는 초원에 구름같이 모여든 사람들을 비집고 가장 안쪽으로 들어갔다.

샤먼의 의식이 엄숙한 분위기 속에서 시작되었다. 먼저 샤먼은 성스러운 나무에 천조각을 달아 신의 강림을 빌었다. 그 옆에는 제물로 바쳐진 양을 삶은 솥이 보였다. 물이 기포를 내며 끓고 있었

청동기시대 초원의 샤먼 축제 모습
(카자흐스탄 탐갈리 암각화)

| 현대 샤먼이 춤추는 모습

다. 샤먼은 나무 근처에 마치 병풍처럼 그들의 세계관을 묘사한 신화를 표현한 가죽그림을 걸었다. 이로써 샤먼 의식의 준비는 마친 셈이다. 분위기가 고조된 순간 치장을 마친 샤먼이 다시 등장했다. 황금빛의 청동 방울과 거울을 몸에 주렁주렁 걸친 샤먼이 발걸음을 옮길 때마다 영롱한 소리가 사방에 퍼졌다. 샤먼의 가슴에 건 거울은 햇빛을 반사해 마치 가슴에 태양을 품고 있는 듯했다. 샤먼은 천천히 북을 치면서 낮은 목소리로 구결을 읊었다. 옆에서 악사들은 북과 징을 치면서 샤먼의 의식을 도와주고 있었다. 특히 심벌즈 같이 생긴 징에서 울려 퍼지는 그 영롱한 울림은 나를 홀렸다. 샤먼의 의식에서 음악이 얼마나 중요한지 실제 의식을 보고서야 깨달을 수 있었다.

우리나라의 세형동검문화 시기인 2400년 전에 등장하는 동검과 청동방울, 거울도 바로 샤먼의 도구였다. 우리나라 세형동검문화에서 발견되는 것들과 유사하게 생긴 청동방울과 거울은 만주와 시베리아 일대의 샤먼들이 지금도 여전히 쓰고 있다. 특히 한국에서 국보로 지정된 팔주령(여덟 개의 방울이 달린 도구)과 장대에 다는 방울은 이미 잘 알려져 있다. 그리고 북처럼 두드려서 소리를 내는 악기도 있었다. 둥근 거울처럼 생긴 청동기로, 이름은 원개형동기(둥근 뚜껑 모양의 청동기)라고 한다.

이 청동기는 얼핏 보면 거울처럼 생겼지만 더 얇고 가운데가 깨져서 처음에는 그 용도를 알 수 없었다. 거울로 쓰기엔 적합하지 않은 형태였고, 뒷면에는 손으로 잡을 수 있게 만든 손잡이도 있었기

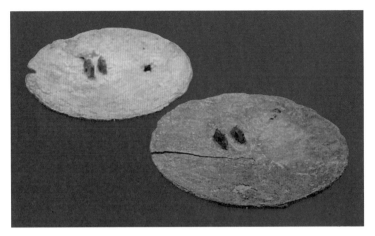
| 거울형 청동기(대구 평리동에서 발견)

때문이다. 이후 시베리아 샤먼의 의식에 쓰이는 도구와 비교한 결과, 이 청동기도 두드리는 악기의 일종인 것으로 밝혀졌다. 제정일치의 사회였던 청동기시대, 지도자는 칼을 찬 무력의 상징인 동시에 하늘의 뜻을 전할 수 있는 샤먼이기도 했다. 한손으로는 칼을 휘두르고 또 다른 손으로는 방울이나 북을 쳤던 것이다. 신에게 닿을 수 있는 음악이 통치를 위한 필수 요소였던 셈이다.

　과거의 사람들이 즐겼던 예술 중에서 고고학이 주로 밝힐 수 있는 분야는 형상이나 형태로 남아 있는 것들이다. 고고미술사학처럼 고고학과 미술사를 같이 공부하는 분야가 많은 것이 그런 이치다. 음악은 고고학이 밝히기 가장 어려운 분야이다. 미술품과 달리 소리는 사라지기 때문이다(물론 미술품도 영원히 지속된다고 보장하기는 어렵지만). 과거의 음악은 녹음되지 않지만, 그렇다고 음악이 없는 과거는 상상하기 힘들다.

　과거의 예술에서 음악이 차지하는 비중을 상징적으로 보여주는 것이 바로 '박물관'이다. 원래 박물관을 뜻하는 'museum'은 음악의 여신 'Muse'를 모시는 신전의 의미에서 유래했다. 뮤즈는 고대 그리스의 신화에 등장하는 여신이다. 기원전 7세기에 활동했던 그리스의 시인 헤시오도스에 따르면 이들은 모두 9명으로 이루어져 있는데, 음악뿐 아니라 문예, 미술, 철학 등을 관장했다고 한다. 이 뮤즈를 위한 신전은 음악을 비롯하여 당시의 다양한 예술과 학문이 한데 어우러진 문화의 공간이었다. 즉, 뮤즈를 위한 의식에는 음악과 함께 당시에 제작된 최고의 예술품인 회화, 조각 등이 선보여지

2200년 전 한반도에서 세형동검을 썼던
샤먼(국립광주박물관 전시)

고, 역사와 철학에 관한 다양한 학문적 성과가 봉헌되었다. 이 뮤즈의 신전은 그리스 문화가 확산되면서 각지로 전파되었다.

뮤즈를 위한 신전이 지금의 대학이나 박물관과 비슷한 기능을 하게 된 것은 기원전 3세기였다. 당시 프톨레마이오스는 알렉산더 대왕의 장관으로 지내다가 왕의 죽음과 함께 이집트에 자신의 왕조를 개창했다. 프톨레마이오스는 '뮤제이온museion'이라는 예술의 공간을 마련해 이곳에서 예술과 학문, 음악이 함께 이루어지도록 했다. 이것이 바로 박물관의 시작이었다. 세계 최대 규모로 알려졌던 '알렉산드리아 도서관'도 프톨레마이오스가 건립한 뮤제이온의 일부였다. 이렇듯 고대의 예술과 역사, 나아가 박물관도 음악을 매개로 시작되었다고 말할 수 있는 이유가 여기에 있다.

만주에서 시작된 고대의 실로폰

2006년 6월, 중국 랴오닝성 박물관에서 〈요하문명전〉●이 열렸다. 이 때는 동북공정으로 인해 한국과 중국의 역사 갈등이 정점을 찍던 무렵이었다. 동북공정은 2002년부터 2007년까지 중국 정부가 발주한 역사 프로젝트로, 만주와 한반도 역사의 왜곡에 대해 남북한은 크게 반발했다. 고구려, 고조선, 발해 등 현재 중국 땅에 속했

....

● 만주 일대를 중국의 역사에 포함시키기 위해 제시한 '요하문명론'을 널리 알리고자 했던 전시회. 요하문명론은 만주 서부를 흐르는 요하 일대의 고대 문명이 이후 중원 문명의 일부가 되었다는 내용임.

던 역사 속의 모든 나라들이 중국사의 일부라는 억지 주장을 포함하고 있었기 때문이다. 중국의 논리대로 고구려가 당나라의 속국이라면 당나라와 고구려의 그 치열한 전쟁이 한낱 내전에 불과하다는 뜻이 된다. 당연히 말도 안 되는 주장이었다.

한국에서는 고구려와 관련된 사실에 주로 이의를 제기했지만, 당시 중국은 신석기시대에 거대한 제사터를 만든 요서 지역●●의 홍산문화에 더 주목했다. 홍산문화에서는 전통적으로 중국을 대표하는 용 모양의 옥기가 발견되었다. 또한 만주와 한반도의 신석기시대를 대표하는 빗살무늬토기 대신에 중원●●●에서 널리 쓰이는 채도토기●●●●가 발견되었다. 중국의 입장에서는 홍산문화가 만주 지역이 자신들의 땅이었다고 주장하기에 적합했기 때문에 전시회에서 대대적으로 홍보했다.

실제 〈요하문명전〉에서는 홍산문화의 용 모양 옥기와 채도를 전시했고, 의도한 바대로 모든 사람들의 관심이 집중되었다. 하지만 정작 나에게 큰 충격을 준 유물은 족히 1미터도 넘을 법한 구들장처럼 생긴 커다란 돌, 바로 석경●●●●●이었다. 거대한 실로폰처럼 생긴 그 석경은 기원전 2000년에 랴오닝성 서부 일대에서 도시를

●● 중국 랴오닝성의 서부. 중국의 베이징과 만주 사이에 있는 지역이다.
●●● 중국의 중심부. 황하 유역이 넓은 평원이기 때문에 흔히 중국의 중심부를 지칭할 때 벌판이라는 뜻인 '중원'이라고 한다.
●●●● 그릇의 겉에 물감으로 무늬를 칠한 토기.
●●●●● 돌로 만든 일종의 실로폰과 같은 타악기. 일렬로 세워놓고 작은 망치로 두드려서 소리를 낸다.

만들어 청동기 시대를 열었던 샤자뎬하층문화*의 집터에서 발견된 것이었다.

얼핏 지나치기 쉬운 이 거대한 돌을 보고 놀란 이유는 세종의 일화가 생각났기 때문이다. 『용재총화』**에는 절대음감을 지닌 세종의 이야기가 수록되어 있다. 여기에는 세종이 직접 명령하여 제작한 석경을 시범적으로 연주했고, 연주를 듣자마자 세종이 음률이 1분씩 높고 낮은 게 있다고 지적을 하여서 확인해보니 실제로 석경이 덜 깎였다고 적혀 있다.

세종의 이야기는 단순한 에피소드가 아니었다. 실제 『세종실록』에 따르면 세종 7년과 9년에는 경기도 남양에서 직접 석경의 석재를 구하여 시험했다고 한다. 또한 당시 세종은 중국을 능가하는 질좋은 돌을 얻기 위하여 사방에 사람을 보내어 알아보았다. 한 나라의 국왕으로서 음률을 바로 안다는 것은 단순한 취미가 아니라 나라를 다스리고 조율하는 능력을 상징했다. 만약 세종이 샤자뎬하층문화 시대부터 석경을 만들었다는 사실을 알았다면 어떻게 반응했을까. 아마 신하를 부지기수로 보내서 랴오닝성 일대에 석경의 재료가 있는지 살펴보았을 것이다. 실제 세종은 『훈민정음』을 창제

● 기원전 2400~1700년경 중국 요서 지역과 내몽골 동남부에 존재했던 수백 개의 도시들로 이루어진 문화. 흔히 초기의 국가라고 간주한다. 이 문화의 이름은 처음 발견된 유적의 이름으로 문화를 명명한다는 고고학계의 통례를 따른 것이다(적봉시 근처 샤자뎬이라는 유적에서 발견된 문화이다). 지층을 달리해서 밑의 층과 위의 층이 서로 다른 문화가 발견되었다.

●● 조선 중기인 1525년에 성현이 지은 고려와 조선시대의 문화 전반에 대한 책이다.

할 당시 성삼문을 요동에 살던 명나라의 음운학자 황찬에게 13차
례나 보내어 조언을 구했을 정도로 철저했기 때문이다.

여하튼, 샤자덴하층문화에 남아 있는 석경은 한 점뿐이다. 그러
니 그 석경은 궁중악기로 사용되는 석경처럼 여러 개의 돌을 걸어
놓은 것이 아니라 축제의 시작이나 끝을 알리는 일종의 종 역할을
했을 가능성이 있다. 여하튼 망치로 치는 부분을 서로 달리하는 것
만으로 다양한 음색과 울림을 만들어낼 수 있었을 테니, 당시 축제
에서 이 석경의 역할은 꽤 컸을 것이다.

그날 저녁 생각 외의 소득을 자축했다. 랴오닝성 박물관이 있던
선양시의 어느 골목에서 양꼬치에 술 한 잔을 기분 좋게 하면서 낮
에 찍은 석경의 사진을 다시 보니 은은한 그 음악소리에 맞춰 제사
를 지내던 옛사람의 모습이 어른거리는 듯했다. 지금도 이 석경은
어떤 소리일까 궁금하다. 하지만 중국 학계에서 그에 대한 연구는

아직 제대로 되는 것 같지 않다.

천상에 이르는 음악을 연주하다

차임벨은 각각의 음색을 가진 여러 개의 종으로 이루어진, 영롱한 음악을 연주하는 악기다. 원래 차임벨은 여러 개의 종을 줄로 당겨서 연주했다. 그런데 이렇게 종을 이용해서 음악을 사용한 건 기원전 2000년 전에 유라시아에서 전차부대가 등장하면서부터다. 빠르게 달리는 전차의 네 모서리에 달린 종이 긴장감 넘치는 소리로 상대방에게 공포심을 주었다. 처음 전차가 등장했을 당시에 그 공포와 위력은 매우 컸다. 빠른 속도로 공격을 하는 전차에 대적할 수

없었기 때문이다. 그러니 전쟁에서 빠르게 울리는 방울소리만 들어도 적들은 겁에 질렸다.

약 3000년 전을 전후하여 전차로 전쟁을 하던 시대가 끝나게 되면서 전차는 전쟁무기가 아닌 하늘의 전령사나 지혜의 상징으로 사용되었다. 구약 성경에서 전차를 타고 하느님의 뜻을 전하는 천사나 고대 인도에서 지혜로 세계를 통치하는 전륜성왕이 전차의 바퀴로 표현되는 것이 그 좋은 예이다. 이렇게 전차가 하늘과 땅을 잇는 소통의 도구로 바뀌면서 전차에 달린 방울도 한반도를 포함한 유라시아 일대에서는 샤먼의 도구로 사용되기도 했다.

샤먼의 도구로서 청동방울을 본격적인 악기로 발달시킨 나라는 중국이었다. 1977~1978년에 발굴된 전국시대의 증후을묘˙에서는

| 초나라 무덤에서 발견된 편종

65개의 다양한 크기로 만들어진 편종이 발견되었다. 이 편종이라는 악기는 작은 망치로 때려서 소리를 내는데, 각각의 종에서도 때리는 위치에 따라서 조금씩 음색이 변한다. 서양에서 피아노가 사용되기 시작한 건 12세기가 지나서부터였다. 그런데 피아노와 음역이 유사한 악기가 중국에서는 이미 2500여 년 전에 사용되고 있었던 셈이다.

증후을묘의 무덤 안쪽 벽에 설치된 이 편종은, 요즘으로 말하면 무덤 속에 그랜드피아노가 들어간 셈이다. 그런 수고스러움을 마다하지 않은 건, 음악이 당시 사람들에게 중요한 위치를 차지하고 있었고, 동시에 그 영롱한 종소리가 천상으로 인도하는 신의 부름을 상징했기 때문이다.

입으로 타는 하프

2018년 〈브리티시 갓 탤런트〉라는 프로그램에 시베리아 출신의 올레타 올타이가 손바닥보다 작은 악기를 들고 등장했다. 심사위원과 청중들은 별 것 아닌 것처럼 보이는 그 악기에 시큰둥했지만, 막상 올레타가 그 악기로 시베리아의 웅대한 자연의 소리를 내기 시작하자 모두들 압도되었다. 러시아에서는 바르간이라고 불리는 악

● 중국 후베이성에서 발굴된 전국시대 증나라 '을'(기원전 477~433년)이라는 이름의 군주의 무덤.

기이다. 한국에서는 입으로 부는 하프라는 뜻으로, 구금口琴이라고
부른다.

　바르간의 원리는 악기를 이빨 사이에 끼우고 철판을 튕기는 것
이다. 입은 공명통 역할을 하니 입 모양을 다양하게 해서 그 소리의
울림을 조절한다. 한국에서는 이 악기를 본 사람은 물론이고 제대
로 아는 사람도 없을 것이다. 유목민들에게서만 널리 유행했기 때
문이다. 유럽으로는 13세기가 되어서야 전래가 되었지만, 동아시아
에서는 이미 3500년 전의 무덤에서 구금이 출토되었다.

　2014년 2월, 블라디보스토크에 위치한 고고민족학연구소에 자료
를 조사하러 갔다. 친한 고고학자 니나 레센코(그녀는 나와 몇 해 동
안 크라스키노●●의 발해 유적을 발굴했다)가 보여줄 것이 있다며 나를
방으로 불렀다. 그리고 머리핀처럼 생긴 손가락 크기의 철기 유물을
보여주었다.

　"이게 뭔지 아시겠어요? 바로 바르간이에요. 발해 유적에서는 처
음 나왔답니다."

　내 첫마디는 "설마요, 잘못 보신 거 아닌가요? 발해에서 바르간
이 왜 나옵니까?"였다. 유라시아의 유목민을 대표하는 악기가 발해
에서 나올 수 있다는 것을 선뜻 믿기 어려웠기 때문이다. 자세히 살
펴보니 가운데에 손으로 튕기는 철판은 부러져서 없었지만, 전체

●● 한러 국경 지역에 있는 마을. 19세기 말에는 고려인의 마을인 연추리가 있었다. 안
　중근 의사가 단지(斷指)한 피의 맹세를 한 곳으로도 유명하다. 크라스키노 마을 근처
　에는 발해 시기의 성터가 있다.

형태로 볼 때 구금이 틀림없었다. 내 머릿속에 '투웅' 하는 구금소리가 울리는 듯했다. 새로운 연구의 시작이었다. 때마침 연해주의 발해 유적을 찾아보니 구금 외에도 초원 지역과의 연관성을 증명하는 많은 자료가 있었다. 나는 3년여에 걸쳐 연구했고 그 결과를 2017년에 발표했다.

그런데 구금은 유목문화를 대표하는 악기이기 때문에 당연히 그 기원도 흉노와 같은 초원의 제국일 것으로 생각했다. 하지만 2년도 안 되어서 내 생각은 바뀔 수밖에 없었다. 일본의 음악고고학자 타다가와 레오와 정보를 교환하던 중 구금이 약 4000년 전 중국 북방에서 널리 유행했다는 것을 알아냈다. 현재까지의 자료로 보면 가장 이른 구금은 기원전 2000년의 샤자덴하층문화에서 이미 나왔다. 중국에서 가장 이른 석경이 나온 바로 그 유적이다. 샤자덴하층문화의 사람들은 거대한 성을 곳곳에 만들어 살면서 강을 따라 교역을 했다. 인구밀도가 높아지면서 그들을 통합하는 다양한 제사와 의식이 발달했고, 그 과정에서 구금이 쓰인 것이다.

나는 타다가와의 자료를 보면서 부끄러운 마음이 들었다. 내 주요 분야이기도 했고, 수시로 드나들며 자료를 조사했는데도 정작 구금이 있었다는 걸 놓쳤기 때문이다. 이 구금이 허리춤에 달린 수십 개의 유물 중에 소박하게 놓여 있었기 때문에 지나칠 수밖에 없었다는 건 핑계일 수 있다. 어쩌면 여기에서는 구금이 나올 리 없다는 나의 선입견이 더 큰 문제였을지 모른다.

구금이 초원의 악기인 건 분명하다. 하지만 초원의 전사들 사이에서 퍼져 나가 무덤에 가져갈 정도로 널리 유행한 곳은 청동기시대의 만주 그리고 중국 북방 지역이었다. 단정할 수는 없지만, 고조선의 비파형동검문화에서도 구금이 발견될 것으로 기대한다. 샤자덴하층문화에서 석경과 함께 구금이 발견된 건 초원과 농경의 접변지대에 있었던 만주의 특징을 잘 보여준다. 그들은 농경민과 초원의 음악을 잘 조화시켜서 그들만의 음악을 발달시켰다.

구금은 2000년 전의 흉노 제국 무덤에서도 발견되었고, 이후 초원 지역을 대표하는 악기로 자리매김했다. 초원의 악기가 된 구금이 이후 발해 유적에서도 발견되었는데, 그 의의는 크다. 발해의 음악이 당시 동아시아 전역에서 유행했던 이유를 여기에서 찾을 수 있을지도 모른다.

역사 기록에 따르면 발해의 음악은 당시 일본과 중국에도 널리 퍼졌다. 발해의 사신이 전한 음악은 일본 도다이지*에서 공연할 정도이고, 지금도 전해지고 있다. 중국의 송나라에서는 발해의 음악이 너무 유행해 이를 강제로 금지했을 정도였다고 한다. 도대체 발해의 음악에는 어떤 매력이 있어서 이렇게 주변 나라의 사람들을 매혹시켰을까 궁금했다. 구금이 등장한 것을 보니 발해는 초원, 중국 그리고 고구려의 여러 음악을 조화시켰던 건 아니었을까. 비록 과거의 음악은 복원하여 듣기 어렵지만, 그들이 이루었던 문화의 힘은 지금도 느낄 수 있다.

....

● 일본 나라현에 위치한 대표적인 일본의 절.

고조선의 〈공무도하가〉와 하프의 기원

동양을 대표하는 발현악기(현을 손으로 뜯는 악기)는 '금琴'의 일종인 가야금이다. 물론 역사에는 6세기경에 대가야의 악사였던 우륵이 만들었다고 기록되어 있다. 하지만 실제로 가야금과 같은 금은 훨씬 이전부터 쓰였다. 신라 토우나 고구려 벽화 등에서 가야금과 비슷한 악기의 모습을 쉽게 찾아 볼 수 있다. 그리고 최근 고고학적 발굴을 통해서 우륵보다 약 600~700년이나 이른 시기인 삼한시대에 이미 가야금의 원형이 확인되었다.

가야금이 발견된 유적은 광주광역시 신창동 유적이다. 이 유적은 삼한시대의 거대한 마을과 그 주변 공동묘지로 이루어져 있다. 그런데 뜻하지 않게 마을 유적 근처에서 소택지가 발견되었다. 소택지의 경우 탄닌 성분 때문에 평소에는 잘 발견되지 않는 목제 유물도 잘 남아 있다. 그 덕택에 신창동에서는 수많은 목제 농기구와 생활도구가 발견되었다. 그중에는 반쪽만 남은 가야금도 있었다. 길이는 77.2센티미터로 요즘 쓰는 가야금보다는 많이 작은 편이고, 현은 6개만 남아 있지만 실제로는 12개 정도였을 것으로 추정된다. 이렇듯 가야금은 적어도 2000년의 역사를 두고 발달되어 온 한국을 대표하는 악기이다.

가야금 이전에도 또 다른 현악기가 있었다. 서양에서 발달해 실크로드를 통해서 중국과 한국으로 전래된 하프의 일종인 공후이다. 이 공후는 동쪽으로는 알타이까지 이어졌다. 고조선 가요인 〈공무

도하가〉는 공후를 타면서 부르는 노래다. 이 가요를 채록한 사람은 고조선의 하급관리라고 분명히 기록되어 있다. 고조선 당대 또는 고조선 멸망 직후에 만들어진 것이라는 사실에는 이견이 없다. 그 지은이에 대해서는 뱃사공, 곽리자고, 곽리자고의 아내 여옥 등 다양한 설이 있는데, 아마 많은 노래가 그러하듯 채록되고 확산되는 과정에서 다양한 사람들이 참여했기 때문일 것이다. 여하튼 이 〈공무도하가〉는 이후에도 계속 남아서 명실상부 한국을 대표하는 고대가요가 되었다. 〈공무도하가〉는 1세기 때 채옹의 『금조』에, 4세기 초에 쓰여진 최표의 『고금주』에 이미 등장한다. 그리고 이후 동아시아 일대에서도 널리 사랑받았다.

〈공무도하가〉가 지금까지 전해지게 된 건 역설적이게도 고조선을 멸망시킨 한무제의 역할이 컸다. 한무제는 음악을 관장하는 악부를 설치해 사방의 노래를 체계적으로 수집했다. 당시 악부의 노래 채록은 다양한 노래를 통해 군가를 제정하여 각지로 파견되는 군사들의 사기를 높이려는 목적도 있었다. 〈공무도하가〉는 서글픈 사랑의 노래로, 가족들을 고향에 두고 떠난 군인들의 심금을 울렸을 것이다.

그런데 〈공무도하가〉의 또 다른 이름은 '공후인', 즉 '공후로 타는 가락'이라는 뜻이다. 공후는 서역을 통해 들어온 하프를 의미한다. 한반도 최초의 노래인 〈공무도하가〉는 바로 하프로 연주되던 노래였다. 고구려에서도 이 공후가 유행했다는 정사기록이 있으니, 이미 고조선 시대에 서역을 통해서 악기가 들어왔다는 점은 너무나 흥미로운 부분이 아닐 수 없다.

중원에서 공후가 본격적으로 연주되기 시작한 건 후한대 때이다. 물론 변방에서는 더욱 일찍 쓰였겠지만 적어도 금琴이 유행했기 때문에 널리 퍼지지는 못했다. 그렇다면 고조선의 하프인 공후는 어디에서 온 것이기에 중원보다 빠른 걸까. 사실 너무 이른 시기에 공후가 등장했기 때문에 음악사 연구자들 사이에서는 세워서 타는 공후가 아니라 가야금처럼 무릎 위에 놓고 줄을 뜯는 일종의 지터zither와 같은 것으로 추정하기도 한다. 하지만 지터 같은 와공후는 수나라의 역사를 기록한 7세기 때의 역사서 『수서』에 처음 등장하고 당나라 때에 널리 유행한다. 즉, 〈공무도하가〉가 등장하고 적어도 700년이 지난 후에 등장한 것이다. 〈공무도하가〉가 등장했던 시기였던 한나라 때에는 세워서 타는 하프와 같은 형태라고 분명히 기록되어 있다.• 그러니 〈공무도하가〉의 공후인은 우리가 생각하는 하프와 같은 형태의 악기를 말하는 것이다.

〈공무도하가〉를 언급할 때 빠지지 않고 '공후인'이라는 이름도 같이 나오는 것은, 바로 공후라고 하는 서역의 악기로 연주했다는 것을 강조하기 위한 것이다. 그렇다면 공후는 어떤 경로로 고조선에 유입되었을까? 고고학 자료로 보면 이미 3000~2500년 전에 알타이 지역과 중국 신장 지역의 실크로드 일대에서 공후의 원형인 하프가 널리 유행했음이 확인되고 있다.

하프(공후)는 알타이를 대표하는 유목문화인 파지릭 고분에서 출토되었다. 실제로 실크로드의 건조한 기후 덕에 이 지역의 3000~2000년 전 무덤에서는 비교적 원형이 잘 남아 있는 하프가 종종 발견된다. 중국 신장 지역에서 내가 직접 확인한 하프는 선선 양하이와 수바시●●에서 각각 출토된 것이 있다.

알타이 파지릭 지역에서는 5개의 왕족급 고분이 발굴되었는데, 그중 세 개의 무덤에서 하프 형태의 악기가 발견되었다. 이 악기는 무덤 주인의 시신 바로 옆에 놓여 있었다. 이 파지릭과 서역의 하프는 모두 L자형이며, 페르시아에서 유행했던 손 위에 얹고 타는 일종의 소공후에 해당한다. L자의 밑부분에는 공명통이 달려 있다.

이 하프의 발견은 많은 점을 시사한다. 바로 왕이 직접 연주하며 즐길 정도로 하프의 연주가 널리 일반화되었다는 점이다. 왕족뿐 아니라 일반인도 널리 사용했다. 이 하프들은 손에 들고 연주할 수

● 당나라 때에 쓰인 『통전』에 한나라 영제가 공후를 좋아했는데, 세워서 타는 하프와 같은 형태라고 되어 있다.
●● 실크로드의 중심에 위치한 타클라마칸 사막의 북쪽에 있는 오아시스 도시.

| 실크로드의 하프(중국 신장성 묘지, 신장성문물고고연구소 전시)

있을 정도로 작았고, 나무를 조합해서 만든 것이라 제작과 수리가 쉬웠다. 이 하프가 발견된 무덤들은 다른 일반 무덤과 큰 차이가 없는 것들이었다. 요즘에도 취미로 악기 연주하는 사람이 있듯이 그들도 취미로 하프를 즐기지 않았을까. 예로부터 사막의 오아시스에 만들어진 도시들에는 여행에 지친 캐러밴들을 위한 다양한 노래와 춤이 발달했다고 했으니까.

알타이와 실크로드 하프들의 형태는 근동의 아시리아 제국에서 연주했던 것과 거의 유사하며, 근동에서 유래했다는 것이 정설이다. 아시리아는 물론 이후 페르시아의 아케메네스 왕조에도 실크로드와 중앙아시아 일대의 유목민인 스키타이와 사카인들이 왕래했던 흔적이 잘 남아 있다. 고대 근동의 여러 악기 중에서 유독 하프가 실크로드를 통해 동쪽으로 전파된 이유는 바로 기마생활을 하는 유목민들도 쉽게 휴대할 수 있었기 때문이다. 또한 활과 화살을 주무기로 사용한 기마인들에게 하프는 다른 악기에 비해 친숙했을 것이다.

그렇다면 하프는 언제 동아시아로 유입되었을까? 기원전 4세기경에 당시 실크로드 및 알타이 지역과 중국의 교류관계는 꽤 활발했다. 파지릭 고분에서는 중국제 거울과 칠기가 나왔으며, 그들이 사용한 마구에도 중국에서 들여온 옻칠의 흔적이 보였다. 그리고 이 시기를 전후해서 진시황이 무서워하던 바로 그 흉노들이 중앙아시아에서 중국 북방으로 물밀듯이 밀려왔다. 중국이 공후를 도입하던 시기 바로 직전에 일어난 일련의 사건이다. 당시 밀려오는 문화

| 휴대용 공후가 그려진 발해 정효공주 무덤 벽화

의 파도에서 음악을 빼놓을 수는 없을 것이다. 더욱이 서역의 하프는 아름다운 음색과 휴대하기도 간편했으니 사방으로 퍼졌음에 틀림없다.

　그런데 아직도 풀리지 않은 문제가 있다. 왜 실크로드를 통해서 동아시아 각지로 퍼진 공후가 중국이 아니라 고조선에서 가장 먼저 노래로 등장했는가이다. 한반도와 만주에서는 중앙아시아와 달리 유기물질이 거의 발견되지 않기 때문에 고대 공후의 실물자료는 전혀 없다. 다만 고조선을 둘러싼 다른 지역과의 관계로 추정해볼 수 있다. 당시 중국은 앉아서 타는 금琴이 발달했고, 공후는 기마 생활에 익숙한 유목민들 사이에서 유행했다. 그러니 고조선에서 유독 공후가 발달했다면 중국보다는 초원 지역과의 교류를 통해서 직

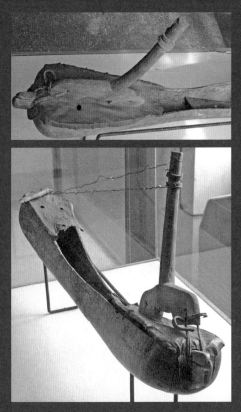

2400년 전 파지릭 문화의 하프
(에르미타주 박물관 소장)

접 수입되었을 가능성이 크다.

여기에서 주목되는 유목민들이 바로 앞서 언급한 중국의 만리장성 지대에서 널리 흥했던 흉노이다. 당시 중국에서는 고조선을 흉노의 왼쪽 어깨라고 할 정도로 흉노와 고조선은 서로 통했다. 또한 기원전 4세기경에 중앙아시아에서 크게 번성했던 유목민족들은 실크로드를 따라서 만리장성을 따라 동아시아로 진출했고, 고조선과 맞닿았다. 이러한 고조선과 초원 지역과의 연관성은 황금, 철제 무기와 마구에 잘 남아 있다. 중원을 거치지 않고 고조선이 직접 중앙아시아 초원 지역의 유목문화로부터 공후를 수입했을 가능성이 더 큰 건 이 때문이다. 초원 지역과 많은 교류를 했던 발해 정효공주의 무덤 벽화에도 휴대용 공후가 그려져 있다. 이렇듯 고조선 이후에도 우리의 고대사에서 공후로 대표되는 초원의 음악은 계속 연주되었던 것 같다. 〈공무도하가〉는 이처럼 서역의 음악과 이어졌던 2000년 전의 교류를 반증해주는 귀한 자료이다.

21세기를 살아가는 우리에게 음악은 너무 흔한 것이 되어 버렸다. 어디에서도 우리는 음악을 들을 수 있다. 도시에서는 음악이 끊기는 곳을 찾을 수 없을 정도다. 그래서 우리는 음악의 소중함에 대해 잘 깨닫고 있지 못하는 걸지도 모른다. 오래 전, 지금 같은 플레이어가 없는 과거인들에게 음악은 오로지 생음악뿐이었을 것이다. 그것은 너무나 값비싼 경험이었고, 평생을 두고 간직할 소리의 향연이었다. 음악은 우리의 마음을 강렬히 울리는 만큼이나 순간으로 사라져버린다. 과거 사람들의 음악을 지금 우리가 듣지 못하는 것처럼 우리의 귓전에 울리는 지금의 음악이 영원할 수 있을까. 알 수 없다. 어느 누가 그걸 확신할 수 있을까.

이 책을 읽고 있는 지금 귓가에 어떤 음악이 들려오고 있다면, 잠시 책에서 눈을 떼고 음악에 집중했으면 좋겠다. 어떤 음악인지는 나로서는 알 수 없지만, 아름답고 소중한 음악일 게 틀림없으니까. 이 세계에서 단 하나뿐이며, 언젠가 사라질지도 모른다고 생각한다면 말이다.

6

빛바랜 유물에
숨어 있는 화려함

"색은 영혼을 직접 울리는 힘이 있다."

- 바실리 칸딘스키*

발굴장의 색은 단조롭다. 모든 것은 흙빛이다. 풀이 우거져 있다 하더라도 땅 속에서 옛 흔적을 찾아내기 위해 표면을 벗겨내면 또 다시 흙빛이다. 그러니 발굴장에서 마치 민둥산처럼 속살을 드러낸 갈색의 땅을 이리저리 긁고 있는 고고학자들의 모습을 마주하면 실망할 수도 있다. 심지어 현장에 오래 있다 보면 발굴 장비뿐만 아니라 사람 얼굴색도 모두 흙과 섞여서 어두운 흙빛으로 변한다(믿어지지 않겠지만 사실이다).

고고학 발굴에서 시간의 무게를 가장 견디지 못하는 것이 바로 시각적인 아름다움, 색채이다. 사진이나 책은 가장 먼저 색부터 바랜다. 아무리 아름다운 옷이라고 해도 땅속에 버려지면 얼마 지나지 않아 원래의 색을 잃어버린다. 때문에 색이 잘 남아 있는 유물을 발견하면 강렬한 인상으로 남게 된다.

서부 시베리아의 바라바 평원에서 800년 전 타타르인 ●● 들의 무덤을 발굴할 때의 일이다. 시베리아를 대표하는 나무는 자작나무이다. 눈발이 날리는 듯 새하얀 빛깔의 껍질이 인상적인데, 겨울은 물론이고 여름에도 시베리아를 온통 하얀빛으로 뒤덮는다. 우리는 자작나무 숲속에 텐트를 치고 호숫가 근처에 위치한 움무

● 러시아의 화가.
●● 서부 시베리아에 거주하는 몽골 계통의 원주민. 카잔을 수도로 하는 타타르공화국이 그들을 대표하는 자치공화국이다.

덤*을 발굴했다. 무덤 구덩이를 한 삽씩 파 들어가기 시작해 가장 먼저 해골 부분을 발견했다. 그 주변을 조금씩 파내려가면서 가슴의 갈비뼈 부분에 남아 있는 흙을 제거하다가 뭔가 이상한 느낌이 들었다. 몸 주변의 흙에서 하얀 색의 자작나무 껍질이 섞여 나오는 것 같았다. 마치 흰색 쌀을 뿌려놓은 듯한 모습에 의아해하면서 흙을 제거하니 흰색의 자작나무 껍질이 시신의 가슴과 배 부분에서 골고루 발견되기 시작했다. 바로 하얀 자작나무로 시신을 둘둘 말아서 무덤에 넣은 흔적이었다. 자작나무 껍질이 너무 얇아서 입김을 불면 날아갈 것 같았다. 그래도 수백 년간 흙속에 있었음에도 전혀 변하지 않은 자작나무의 뽀얗고 하얀 빛이 발굴의 피로를 잠시 잊게 해주었다.

하지만 감동도 잠시였다. 살살 불기만 해도 날아갈 것 같은 자작나무 껍질을 어떻게 발굴해야 할지 난감했다. 대기와 접촉하는 순간 자작나무 껍질의 빛이 바래기 시작했기 때문이다. 급기야 빗발까지 날리기 시작했다. 간신히 자작나무 껍질의 상태가 좋은 몇 부분만 보존할 수 있었다. 내가 그 수백 년의 세월을 견딘 뽀얀 자작나무의 껍질을 제대로 본 건 고작 1~2시간에 불과했다. 지금도 시베리아를 다니면 여름에도 눈이 내린 것처럼 하얀 빛으로 뒤덮인 자작나무 숲을 지천에서 볼 수 있다. 하지만 갈색의 단조로운 흙속에서 자태를 드러낸 백옥 같은 그 색감의 강렬함은 20년이 지난 지

●구덩이를 파서 시신을 안치한 무덤.

| 돌궐제국의 석인상

금도 내 뇌리 속에 생생하게 남아 있다.

발굴장과 박물관에 전시된 유물만 보다 보면 과거의 찬란한 빛을 망각할 때가 많다. 실제로 청동기를 주조하고 나면 놋그릇처럼 찬란한 황금빛을 내뿜지만, 시간이 지나면 청동기도 시퍼렇게 녹이 슨 고철덩어리처럼 보인다. 돌로 만든 유물도 과거의 형체를 제대로 알 수 없는 경우가 많다.

국립중앙박물관에서 열린 카자흐스탄의 〈황금문화전〉에서 7~8세기에 고구려와 각축을 벌였던 돌궐제국의 석인상이 전시된 적이 있었다. 현장강의를 하러 몇 차례 방문할 때마다 학생들은 이해가 가지 않는 표정이었다. 제주도의 돌하르방을 연상시키는 이 돌궐의 석인상들이 대충 만든 것처럼 그 생김새가 거칠어 보였기 때문이다. 돌궐제국보다 1000년이나 빠른 2500년 전의 사카문화˙ 사람들은 이미 수천 개의 황금을 이어 붙여 옷을 만들 정도로 고도의 기술을 가지고 있었다. 고구려 및 중국과 문화적으로 자웅을 겨루었던 돌궐 사람들이 이토록 허술한 석상을 남겼다니. 이해하기 힘든 일이지 않나.

사실 석인상이 이렇게 허접해 보이는 이유는 현재 우리가 보는 석인상은 당시의 돌궐인들이 본 석인상 그대로가 아니기 때문이다. 유목민인 돌궐인들은 사람이 죽으면 그 뼈만 추려서 작은 구덩이에 파묻는다. 그리고 무덤 대신에 직경 3미터 정도의 사각형 제단

....

˙ 카자흐스탄을 중심으로 중앙아시아에서 3000~2000년 전에 살던 유목민족을 통칭함.

120

을 만들고 그 앞에 죽은 사람의 영정처럼 석인상을 놓는다. 돌궐인들은 1년에 2번씩 이 무덤 앞에서 모여 제사를 지내고 기념했다. 조상의 무덤이 만남의 장소가 되는 것이다. 돌궐인들은 석인상에 옷을 입히고 얼굴에 채색을 해서 조상의 모습을 기렸다. 하지만 세월이 지나면서 원래 입었던 옷과 채색은 사라지고 돌의 거친 모습만 남은 것이다. 지금의 석인상은 마치 옷을 벗겨놓은 진열장의 마네킹과 같다. 이런 설명을 하고 나면 그제야 학생들은 이해하기 시작한다. 석인상뿐이겠는가. 수천 년의 세월을 지나면서 대부분의 유물들은 원래의 색을 잃어버릴 수밖에 없다.

중국의 색을 쫓다 멸망한 흉노

초원의 빛깔은 단조롭지만 아름답다. 내몽골의 수도 후허하오터는 몽골어 호허호트, 즉 푸른 도시라는 뜻이다. 이 푸름은 초원 위 하늘에서만 볼 수 있는 단조로운 색감을 의미한다.

화려한 색을 사용하는 건 초원의 사람들에게 단순한 치장이 아니라 쉽게 할 수 없었던 호사였다. 2000년 전 흉노는 중국을 침략하지 않는 대가로 매년 엄청난 양의 조공품을 받았다. 그중에서 제일 인기 있었던 사치품은 칠기였다. 나무 그릇에 옻칠을 한 칠기는 요즘엔 다소 귀한 대접을 받지는 못하지만, 당대만 해도 신비로운 그 붉은빛은 중국의 귀족은 물론 주변의 다른 민족들까지도 매혹시켰다. 한국에서도 삼한 시대에 사용된 중국의 칠기가 발견될 정도였다.

몽골의 수도 울란바토르의 북쪽에 위치한 흉노의 대표적인 유적인 노인-울라는 귀족의 무덤들로 이루어져 있다. 깊이가 15미터 가까이 되는 큰 구덩이를 파고 그 안에 무덤을 만들었다. 바닥이 진흙으로 뒤덮여서 발굴 자체는 고역이었지만, 진흙이라는 천혜의 조건으로 인해 거의 완벽하게 보존된 칠기들이 발견되었다.

2012년, 나는 몽골국립박물관에서 이 칠기를 조사했다. 현지 몽골 연구원의 도움으로 진열장의 유리를 열고 직접 조사를 했는데, 살펴볼수록 감탄이 절로 나왔다. 2000년간 흙 속에 묻혀 있어서 붉은빛이 약간 어두워지긴 했지만, 그 은은한 빛깔만은 변함이 없었다. 단조로운 초원 생활에서 이 붉은빛이 흉노의 선우와 귀족들을 얼마나 매혹시켰을지 충분히 짐작이 되었다.

이런 신비로운 색깔은 그냥 나온 것이 아니었다. 칠기의 바닥 면에는 깨알 같은 글씨가 새겨져 있다. 전체 감독, 그릇의 모형을 뜨는 사람, 옻칠 등을 한 사람들의 이름이다. 이는 이 칠기의 깐깐한 탄생 과정을 알려준다. 왕실 납품이라 만약 불량품이 있을 경우 책임을 묻겠다는 의미로 적힌 것이었다. 그만큼 품질은 신뢰할 만했다. 그뿐이 아니었다. 흉노의 고분에서는 중국의 비단옷들과 페르시아에서 건너온 양탄자들이 출토되었다. 흉노인들은 페르시아의 양탄자로 유르트를 장식했고, 중국에서 받은 화려한 비단옷과 마차를 쓰며 살았다. 하지만 이 매혹적이고 아름다운 색깔이 결국 자신들을 멸망하게 만들었다는 걸, 그때 흉노인들은 알지 못했을 것이다.

흉노의 기동력 있는 기마술과 가공할 철제무기의 위력은 유라시

흉노의 무덤에서 발굴된 중국의
칠기(몽골 국립박물관)

아 최강이었다. 기원전 3세기에 흉노에 맞서 만리장성을 쌓다 국력
을 소진한 진나라는 멸망했고, 그 다음에 등장한 한나라 또한 흉노
의 존재 때문에 골치 아파했다. 흉노를 계승한 훈족은 유럽사를 바
꿀 정도였다.

　한나라도 처음에는 진시황처럼 무력으로 흉노를 꺾으려 했다.
한나라 고조 유방은 기원전 200년, 흉노 토벌에 나섰지만, 오히려
백등산⁺ 지역에서 포위되어 죽을 처지에 놓였다. 유방은 흉노 선
우의 왕비에게 뇌물을 바쳐 가까스로 살아남았는데, 중국 군대를
다 무찔러 버리면 앞으로 조공을 받을 수 없다는 왕비의 얄팍한 생
각 덕분이었다.

　백등산 전투 이후 한나라의 정책은 바뀌었다. 한나라는 무력으로
흉노에 대응하기보다는 다양하고 아름다운 색깔의 선물로 흉노의
마음을 홀리기 시작했다. 한나라는 매년 정월에 엄청난 양의 비단,

....

● 현재 중국 산시성 다퉁(大同)시 근처.

칠기 등의 사치품은 물론이고 중국의 4대 미인으로 꼽히는 왕소군을 비롯한 공녀들을 바쳤다. 한나라 조정이 받은 경제적 타격은 컸다. 하지만 조공품의 공세를 통해 흉노의 풍습을 바꿀 수 있었다. 원래 봄과 가을에만 모이던 흉노의 부족장들은 중국으로부터 받은 공물을 나누기 위해 한겨울인 정월에도 모였다. 유목민족이기 때문에 땅이나 곡식이 아니라 전쟁으로 얻은 전리품을 부하들에게 나눠주는 것이 중요한 통치수단이었다. 그런데 중국의 조공품이 매년 들어오게 되니 흉노로서도 굳이 주변 지역을 정복할 동기가 사라졌고, 점차 그 세력이 약화되기 시작했다.

내가 조사했던 노인-울라의 고분은 흉노가 망하기 직전에 만들어졌음에도 당시의 급박한 상황에 대한 흔적은 전혀 찾아볼 수 없었다. 많은 중국제 비단, 칠기, 마차들만이 자리하고 있을 뿐이었다. 겉으로는 유목생활을 유지하고 있었지만, 중국이 보내온 형형색색의 사치품에 빠져 자신들의 정체성을 잃고 있었다는 의미로 해석할 수 있다.

흉노가 중국의 아름다움에 빠져 있을 때에 중국은 물밑작업을 계속했다. 조공을 바치며 흉노를 안심시켰고, 다른 한편으로는 흉노를 이간시켜 남흉노를 중국으로 귀의시켰다. 동시에 서역의 나라들과 연합하여 흉노의 경제적 기반을 차단했다. 이른바 실크로드가 등장한 것이다. 결국 1세기경에 흉노는 완전히 붕괴되었고, 그 일파는 유라시아 서쪽으로 사라졌다.

2000년 전 유라시아의 최대 군사강국이었던 흉노를 무너뜨린 것은 강대한 군사력이 아니라 그들의 마음을 간파하고 흔들던 중국의 화려한 사치품들이었던 것이다. 단조로운 초원의 빛깔에 싫증을 내어 아름다운 빛깔을 탐한 결과가 나라의 멸망이라니. 진정한 경국지색은 이런 것이 아닐까.

벽화, 역설적인 과거의 색깔

고고학은 어쩔 수 없이 과거의 색을 잃어버린 유물을 만나야 한다. 하지만 운좋게 과거의 색이 완벽히 보존된 경우도 있다. 고분이나 동굴에서 발견되는 벽화가 그렇다.

고고학의 원칙 중 하나가 발굴하지 않고 땅속에 두는 것이 가장 큰 보존이라는 점이다. 현재의 최신 기술로 유물을 발굴한다 하더라도 한계는 있다. 과학과 기술이 시간이 갈수록 발전한다는 점을 생각해볼 때 어떤 유물이든 지금보다 먼 훗날에 발굴하는 것이 훨씬 바람직할지도 모른다. 그런데 이런 고고학적 원칙에 맞지 않는 사례가 바로 고분벽화이다.

벽화는 과거의 봉인을 해제하고 현재의 공기가 들어가는 순간 급격하게 그 색깔을 잃어버린다. 교과서에 실려 있는 고구려 무용총에서 발견된 〈수렵도〉도 이미 실물은 심각하게 손상이 되어 있다.

2012년 고구려의 옛 수도였던 중국 지안시에서 고구려 고분벽화를 일반인에게 공개한 적이 있었다. 그때 벽화의 상태를 보고 가슴이 아팠던 기억이 난다. 실물의 상태가 너무 좋지 않아서 형체를 알아보기도 어려웠다. 관람객들은 주의도 하지 않고 멋대로 떠들며 입김을 내뿜고 있었고, 벽에는 응결이 된 물방울이 계속 맺혀 있었다. 이 물방울이 떨어지면 벽화 표면의 색소도 같이 씻겨 내려간다. 이런 상황에서 원형이 과연 유지가 될 수 있을까? 100년 전에 일본인들이 처음 고분을 열고 조사했을 때의 기록이 가장 생생한 색감을 묘사하고 있는 건 그런 연유에서다.

이런 문제에 대해서 프랑스는 일찍이 다른 해법을 내놓았다. 라스코와 알타미라 동굴의 옆에 똑같은 규모로 모사한 굴을 파고 원래 동굴은 영구히 폐쇄했다. 심지어 모사한 동굴의 벽화도 색감이 사라질까 입장객을 제한하고 있다. 모두를 위한 문화재를 무기한으로 폐쇄한다는 것이 역설적으로 들릴 수 있다. 하지만 개방으로 인한 문화재의 훼손을 막아내기 위한 묘책이 생기기 전까지는 그런 조치가 필요하다. 한국에서는 경주 석굴암의 경우가 그러한 보존과 관련되어서 많은 문제가 있다.

석굴암은 폐허 상태로 일제강점기에 발견되어서 부실하게 보수가 되었다. 이후 벽에 이슬이 맺히는 현상이 지속적으로 발생했다. 그래서 유리로 막아 관람객으로부터의 호흡을 차단시키고 제습기를 가동했다. 하지만 제습기의 미세한 진동이 궁극적으로 석굴암에 안 좋은 영향을 미칠 수 있다는 지적이 있다. 제일 좋은 방법은 잠정적으로 폐쇄하여 원형으로 복원하고 완벽한 보존방법을 찾는 것이다. 하지만 석굴암에는 현재도 사람들의 참배와 예배가 이어지고 있으니, 무작정 이런 방법을 동원하기도 쉽지가 않다. 한국의 문화재 보존 방식에 대해서도 깊은 고민이 필요할 때다.

세월을 담은 색

박물관 전시에서 관람객들은 잘 눈치 채지 못하는 중요한 장치 중에 하나가 바로 조명이다. 같은 유물도 조명의 색깔, 강도 그리고 방향에 따라 그 느낌은 완전히 달라진다. 현장에서 발굴했던 그 어두운 유물이 다시 복원되어서 화려한 스포트라이트를 받을 때에 고고학자가 받는 감동은 남다르다.

작년 5월에 대학원생들과 함께 블라디보스토크의 자료를 조사하러 갔다. 연해주 주립박물관의 전시가 개편되었음을 알고 틈을 내서 조사하러 간 것이다. 그런데 그곳에서 내가 2010년에 크라스키노 발해 성터에서 발굴했던 발해 토기들이 전시되어 있는 것을 발견했다. 진흙 속에서 파냈던 보잘 것 없었던 토기였다. 하지만 그 토기를 잊을 수 없었다. 대부분의 발해 토기는 어두운 회색 계열이지만, 그 작은 단지만은 주황색에 가까운 갈색이었기 때문이다. 고구려 토기의 고유한 색인 갈색을 고스란히 계승한 것이었다.

이 토기가 놓인 블라디보스토크의 주립박물관은 독특한 채광방법을 채택했다. 약 120년 전에 상가로 쓰이던 건물 1층의 탁 트인 쇼윈도를 그대로 이용하여 자연스럽게 햇빛이 유물을 비추게 했다. 빠른 속도로 지나가는 차와 자동차를 배경으로 펼쳐진 진열장 사이에 무심한 듯, 수줍은 듯 진열되어 있던 이 토기는 강렬하게

필자가 발굴한 크라스키노 성터 출토품
(중간의 붉은 단지. 연해주 주립박물관)

내 마음을 이끌었다. 발굴한 지 10여 년이 지났지만 그때처럼 독특한 색감을 간직하고 있었다. 그 순간 나는 다시 유물이 지녔던 과거의 색을 제대로 떠올리면서, 진정으로 과거와의 대화를 시작하는 느낌이었다.

우리 고고학자들은 빛바랜 유물을 끄집어냈을 때, 자연스럽게 그것이 가장 아름답고 화려했을 순간을 떠올린다. 모든 것은 시간이라는 파도를 넘어오면서 제 색을 잃는다는 걸 오랜 경험을 통해 알기 때문이다.

눈부신 순간을 살아가려고 늘 애쓰지만 정작 그 순간을 제대로 즐기지 못한다. 눈부신 순간은 항상 뒤늦게, 그것도 지나가버린 옛날을 생각했을 때 문득 떠오르기 때문이다. 이미 빛바랜 오래 전 유물들을 바라보면 우리에게 지금을 눈부시게, 지금을 가장 아름답게 살아가라고 이야기하고 있는 것 같다.

7

지난 세월의
향기

"향기는 말, 외모, 감정이나 의지의 힘보다
강한 설득력을 가지고 있다."

- 파트리크 쥐스킨트, 『향수: 어느 살인자의 이야기』 중에서

인류 최초의 무덤으로 이스라엘의 샤니다르 동굴에서 발견된 6만 년 전의 인골을 꼽는다. 이것을 무덤으로 간주하는 결정적인 이유는 바로 시신의 주변에서 발견된 다양한 꽃가루 성분 때문이다. 학계에서는 당시 살아있는 사람들이 먼저 떠나간 가족을 추모하여 다양한 향기를 풍기는 꽃다발을 놓았던 것으로 추정한다.

향기는 인간의 역사에서 빼놓을 수 없는 요소다. 하지만 수천 년 동안 땅속에 있는 유물에서 향긋한 냄새를 기대하는 건 대부분의 경우 무리다. 그럼에도 가끔은 예상치도 못한 수백년 세월의 무게를 견딘 향기와 만나기도 한다.

2002년 한일 월드컵으로 대한민국이 들썩일 때 나는 러시아 상트페테르부르크의 고고민족학박물관(일명 쿤스트카메라)에서 조용히 한국의 유물을 조사하고 있었다. 당시 그곳에는 러시아가 구한말에 한국과 외교관계를 맺으며 주고받은 선물과 북간도로 이주한 고려인들이 쓰던 유물 2000여 점이 있었다.

보름 남짓한 출장 기간에 수많은 유물을 정리해야 하는 정신없던 상황에서 고고민족학박물관의 관계자가 꼭 보여줄 것이 있다면서 무엇인가를 책상 위에 올려놓았다. 큰 종이를 풀어 보니 모두 45개의 약재 첩이 나왔다. 또박또박 한문으로 이름이 써 있었고 그 안에는 각각의 한약 재료가 포장이 되어 있었다. 이 한약은 아관파천 이후 고종황제가 러시아 공사관에 머물던 시기에 웨베르 공사에게 전달된 것이다. 고종황제는 러시아 공사가 임무를 마치고 러시아로 돌아가는 길에 혹여나 병이 날까 걱정하였고, 응급 한약들을 한 포 한 포 정성스럽게 싸서 웨베르 공사의 주치의인 아쭈트에게 상세한 복용법과 각 한약의 이름을 적어서 준 것이다.

각 약봉지에는 한문과 그것을 번역한 이름과 효능이 러시아어로 정성스럽게 적혀 있었다. 그 약봉지들이 풀리지 않은 채 100여 년 전 그때 그 모습으로 내 앞에 놓여 있었다. 두근거리는 마음으로 그 중에 한문으로 甘草(감초)라고 쓰인 작은 봉지를 열었다. 봉지 안에는 지난 세월이 믿겨지지 않을 정도로 생생하게 노란 감초가 남아 있었다. 더욱 놀라운 건 감초 특유의 달콤한 향이 풍겨오는 것이 아닌가. 한약에서 가장 흔하게 쓰는 약초인 감초의 냄새였다. 한 입 깨물어 맛보고 싶은 충동이 일어날 정도로 나를 매혹하는 향기였다. 그 순간 쿰쿰한 곰팡이 냄새가 나는 유물창고의 분위기가 한번 변하는 느낌이었다.

고수풀과 고향의 추억

향신료 중에서 한국인에게 익숙하지 않은 것 중 하나가 바로 고수풀이다. 나 역시 마찬가지다. 중국에 조사를 갈 때 식당에서 인사말 다음으로 많이 하는 중국어가 "비에팡샹차이(향채 좀 빼주세요)"일 정도다. 하지만 이 풀은 중국과 초원 일대에서 유목민들이 널리 사용한다.

초원의 사람들은 강한 향기를 풍기는 약초를 썼다. 그들에게 향기라는 것은 바로 각 풀의 약효를 의미했다. 심지어 고고학 유적에서도 이 고수풀은 널리 발견된다. 강한 향기뿐만 아니라 박테리아의 증식을 막는 등의 약리 효과를 과거의 사람들도 알았던 듯하다.

시베리아에서 살아본 사람이라면 가장 힘든 것이 바로 모기라는 걸 안다. 추운 시베리아에서 웬 모기인가 생각할지 모르겠지만, 겨우내 얼어붙은 숲은 봄이 되어 한번에 녹으면서 모기가 살기에 적합한 소택지가 된다. 그러니 숲에 들어가면 모기들에 둘러싸이게 된다. 내가 처음 시베리아의 발굴장을 갔을 때에도 제일 힘들었던 건 음식도, 고된 일도 아닌, 바로 모기였다. 벌떼처럼 달려드는 모기는 상상을 초월할 정도로 참기 힘들었다. 모기퇴치약을 몸에 뿌리는 것으로는 도저히 해결이 되지 않았다. 힘들어하는 나에게 러시아 동료들은 모기약은 몸에도 안 좋고 실제로는 도움이 안 된다며 대신에 자기들처럼 고수풀을 많이 먹어보라고 권했다. 하지만 내게는 너무 역한 맛이어서 많이 먹지는 못했다. 그래도 기분 탓인지 나에게 달려드는 모기가 좀 적어진 것 같았다. 시베리아 사람들은 여러 음식에 고수풀을 넣어 먹고 다양한 잡초를 태우는, 다소 원시적으로 보이는 방법으로 모기를 쫓는 걸 선호했다.

고수풀은 2500년 전 알타이 고원에서 번성했던 유목민들의 문화인 파지릭 문화에서도 발견되었다. 흔히 알타이의 얼음공주라고 불리는 우코크 고원의 아크-알라하 고분에서는 여성 미라의 바로 옆에 놓인 돌그릇에서 고수씨앗이 발견되었다. 시신의 옆에 향을 피우기 위해 고수씨앗을 둔 것으로 추정된다.

그런데 재미있는 건 이 고수풀의 원산지가 지중해라는 점이다. 고수풀의 영어명인 'Corriander'와 유사한 명칭이 이미 3500년 전에 지중해에서 발달한 미케네 문명의 선형문자 B●에서 보인다. 이후 페르시아 문명이 발흥한 근동과 중앙아시아에서도 사용하기 시작했다. 이집트에서도 고수풀의 씨앗이 가진 효능을 알고 있었던 것 같다. 약 3900년 전에 발달한 이집트 제12왕조의 무덤들에서 고수풀의 씨앗이 함께 발견되었다. 그리스에서도 고수풀을 숯에 넣어서 그 연기를 흡입하는, 일종의 훈증법을 사용했다는 건 호머, 히포크라테스, 헤로도토스 등의 기록에서도 어렵지 않게 찾아볼 수 있다. 고대 지중해, 그리스, 이집트의 사람들이 모두 쓸 정도로 고수풀은 인간의 문명과 함께한 약초였다.

실제로 고수풀은 여러 면에서 유용한 약초다. 하지만 이 고수풀은 알타이에서는 야생으로 자라지 않는다. 고수풀이 자라기엔 알타이의 자연환경이 너무 추운 탓이다. 그렇다면 파지릭인들은 어떻게 고수풀을 알고 사용할 수 있었을까. 이는 파지릭인들의 무덤 부장품을 보면 짐작할 수 있다. 파지릭인들은 페르시아 계통의 사람들이 초원을 찾아서 시베리아로 온 것임이 밝혀졌는데, 그들이 사용

<hr />

● 기록되어 전해지는 가장 이른 시기의 그리스어인 미케네 그리스어를 기록했던 음절문자. 영국의 고고학자 아서 에반스가 1900년 크노소스에서 이 문자가 새겨진 점토판을 대량으로 발굴했다.

| 파지릭 고분 내 매장 유물의 복원도

한 카펫과 수많은 귀중품들은 당시 페르시아 계열의 것이었기 때문이다. 그렇다면 이 사람들은 원래 고향에서부터 사용하던 여러 향료들과 고수풀을 수입해서 썼다고 생각할 수 있다.

얼음공주라 불린 아크-알라하의 여성 미라는 그 신분이 제관, 즉 샤먼이었다고 보는 견해가 일반적이다. 어쩌면 그녀가 죽어서 저세상으로 돌아갈 때 그들의 조상이 원래 살던 지역에서 흔히 자라던 고수풀의 향기를 함께 머리맡에 두어서 다시 천상의 고향으로 돌아가기를 바라는 마음은 아니었을까. 실제로 고대 그리스의 장례에서는 향기가 중요한 역할을 했으며, 성경에서도 향유는 장례를 포함한 중요한 삶의 순간에 등장한다.『창세기』에는 이집트의 재상을 지낸 요셉과 그의 아버지 야곱을 장례 지낼 때에 향유를 부어서 죽은 자에게 예를 다했다고 적혀 있다.『신약』에서도 예수의 시신을 장례할 때에 몰약과 침향을 쓴다는 기록이 있다. 장례를 지내는 다양한 과정에서 시신에서 나는 악취는 피할 수 없었으니, 그것을 막기 위한 방편으로 향이 쓰였다. 또한 향기는 그 사람이 살았을 때의 모습을 떠올리게 할 수 있다. 과거의 기억과 역사는 향기에도 각인되어 있다.

체렘샤의 알싸한 맛과 단군신화

고수풀은 우리에게 다소 생소하다. 반면에 단군신화에도 등장하는 마늘은 우리에게 무척 친숙한 존재이다. 단군신화의 마늘은 우리가 지금 생각하는 그런 쪽이 지는 마늘이 아닐 것이다. 왜냐하면 쪽마늘은 한나라 때에 실크로드를 따라서 아시아로 들어왔기 때문이다. 쪽마늘은 이집트에서 피라미드를 건설하던 히브리 노예들이 즐겨 먹었던 음식이라고 『구약 성경』에도 기록되어 있다. 모세가 이집트를 탈출한 엑소더스 이후에 히브리인들이 마늘이 없다는 불평을 늘어놓았다고 적혀 있다. 실제로 투탕카멘의 무덤과 같은 고대 이집트의 여러 유적에서 건조된 마늘의 흔적이 발굴에서 발견된다.

대신에 유라시아 전역에서는 '야생마늘' 또는 '곰마늘'이라고도 불리는 명이나물이 널리 애용되었다. 야생마늘은 학명으로도 'Allium ursinum L.', 곰의 마늘이라는 뜻이다. 그런데 단군신화에 쑥과 마늘이 등장한다는 점을 생각해보자. 단군신화에 등장하는 마늘은 아마 곰마늘의 일종일 가능성이 더 크다. 최근 연구[*]에서는 유럽의 24개 언어를 조사해본 결과 공통적으로 명이나물은 '곰마늘' 또는 '곰파'로 부른다고 한다.

시베리아의 원주민들은 공통적으로 봄에 알싸한 곰마늘을 즐겨 먹었다. 마늘은 유라시아 전역에 분포해서 극동의 한대에도 널리 퍼져 있었다. 그러니 단군신화에 등장하는 마늘은 유라시아 전역에서 자생하던 야생마늘과 관계가 있을 것이다. 한국에서는 울릉도에서 유래한 '명이나물'이라는 이름이 더 친숙하지만, 이것은 최근에

---

[*] 「유라시아 곰 신앙과 단군신화의 쑥과 마늘을 통해 본 웅녀의 재해석」, 김재희, 한국 민속학 67호, 2018년.

생긴 명칭이다.

알싸한 봄의 전령사인 곰마늘의 위력을 절감한 건 시베리아 유학시절이었다. 시베리아에서 제일 힘든 시간은 한겨울이 아니다. 바로 4월이다. 이르면 10월 말부터 내리기 시작하는 시베리아의 눈은 5월 초까지도 남아 있다. 반 년 이상 눈밭에 갇혀 있다 보면 몸과 마음은 지칠 대로 지치는데, 그 마지막이 4월인 것이다. 그래서 5월이 그렇게 반가울 수가 없다.

4~5월이 되면 숲에 눈이 녹으면서 곰마늘이 자란다. 명이나물보다는 러시아어 체렘샤черемша가 나에겐 더 익숙하게 들린다. 봄이 되어 맵싸한 냄새가 시장에 풍기면 드디어 지긋지긋한 시베리아의 겨울에서 벗어났다는 안도감이 들곤 했다. 체렘샤는 그냥 보면 잡초 같지만 한 입 물면 우리가 좋아하는 맵싸한 마늘의 맛이 입 안 가득 퍼진다. 쉽게, 마늘종이라고 생각하면 될 것이다. 워낙 비타민이 풍부하다 보니 마늘향을 싫어하는 러시아 사람들도 참고 먹거나, 아니면 갈아서 소스로 만들어 먹는다.

체렘샤는 우리가 알고 있는 마늘의 시원적 형태이다. 사람들은 태고로부터 마늘이 힘을 돋우는 음식이라 생각했으며, 때로는 그 강한 향 때문에 주술적인 의미까지도 부여했다.

한국은 건조한 기후가 아니기 때문에 과거 마늘의 흔적이 아직은 발견되지 않았다. 하지만 1만 년 전 덴마크의 중석기시대 유적에서 야생마늘의 흔적이 발견되었다. 다른 식물자료들과 마찬가지로 마늘의 흔적은 고고학적으로 찾기가 힘들다. 하지만 세계 곳곳에 퍼져 있는 마늘에 대한 이야기와 그 독특한 향기, 약효를 생각하면 앞으로 더 많은 유적에서 체렘샤의 흔적이 발견되지 않을까 기대해본다.

이제까지 많은 연구는 단군신화에 등장하는 쑥과 마늘의 의미를 통과의례, 빛과 하늘의 신화, 곰과 호랑이의 토템 등 다양하게 해석해왔다. 그런데 단군신화의 진짜 의의는 바로 유라시아의 보편성에서 찾을 수 있을지도 모른다. 핀란드에서 태평양 연안의 캄차카까지 곰과 관련된 신화가 없는 부족은 없다. 그리고 이 모든 지역에서는 기나긴 겨울을 지나 등장하는 알싸한 곰마늘의 향을 느낄 수 있다. 어쩌면 곰마늘의 맛과 향에서 단군신화에서 잊혀진 또 다른 이야기를 밝힐 수 있을 것이다.

초원의 향기

2500년 전 알타이 지역의 유목민들은 물싸리를 베개로 주로 사용했다. 물싸리는 바이칼이나 알타이 같은 시베리아의 산속에서 많이 자생한다. 작은 노란색 꽃을 피우지만 향기가 짙고 아름답기 때문에 '시베리아의 에델바이스'라고 불리기도 한다. 러시아에서 '쿠릴의 차'라고 불리는 물싸리는 고고학자들에겐 특히 친숙하다. 돌이 많은 곳 근처에 주로 피어 파지릭 문화의 고분, 암각화 그리고 사슴돌 같은 고대의 유적 근처에서 어김없이 볼 수 있기 때문이다. 물싸리는 무덤에서도 많이 쓰였다. 시신을 눕힐 때 그 밑에 깔았고,

무덤을 만들고 나면 그 위를 물싸리로 빽빽하게 덮었다.

파지릭인들에게 이 물싸리는 중요한 의미를 지녔다. 파지릭 고분의 무덤은 주로 초가을에 만드는데 물싸리는 여름이 시작할 때 꽃을 피운다. 파지릭인들은 봄에 조상들의 무덤을 찾아가 무덤 근처에 물싸리 꽃이 피면 따서 따로 모아두었다. 그리고 그해 조상의 곁으로 돌아가는 가족이 있으면 그의 무덤에 헌화했다. 꽃은 세계 각지에서 부활을 의미하는 상징이니, 파지릭인들에게 바로 이 물싸리가 부활의 상징이었을 것이다. 파지릭인들은 관에 황금으로 꽃장식을 수놓았는데, 이 물싸리의 꽃을 형상화한 것이다.

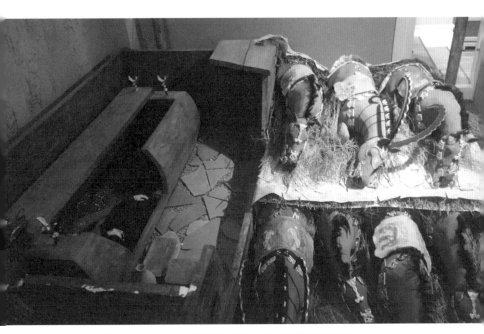

| 알타이 지역 고분의 말무덤과 그 밑에 깔린 물싸리(카자흐스탄 베렐 고분 복원)

알프스의 에델바이스가 강한 생명력을 상징하듯 시베리아의 물싸리도 험난한 유목생활의 순간순간을 아름답게 해주는 꽃이었다. 또 저승 가는 길에 뿌려서 산화공덕散花功德●을 하는 매개체이기도 했다. 발굴을 하다 돌들로 덮인 옛 고분들 사이에서 물싸리를 보게 되면 잠시 하던 일을 멈추고 상념에 잠기곤 했다. 파지릭인들은 이제 사라지고 없지만, 그들도 나처럼 이 물싸리 꽃을 보며 짧은 초원의 여름, 그 한순간을 즐겼을 것이다. 그런 생각을 하면 왠지 마음 한편이 뭉클해지면서 따스해진다. 초원의 풀이 단순한 잡초가 아니라 과거와 나를 이어주는 매개체가 되는 그 순간, 고고학자만이 느낄 수 있는 감정의 호사를 즐기게 된다.

초원 유목민들에게 향기는 단조로운 삶에서 잠시 벗어나는 힐링의 수단이기도 했다. 지금도 몽골 유목민들의 휴대품 중에는 향수병이 있다. 초원 남자들에게는 필수품과 같은 것인데, 그들은 이 향수를 몸에 뿌리지는 않는다. 약초나 꽃으로 만든 방향제를 향수병에 넣어 사람들을 만나면 마치 담배를 나눠 피우듯이 서로의 병에 담긴 냄새를 맡으며 대화를 나눈다. 차 한 잔 마시듯 향수를 공유하는 것이다. 그렇게 향기를 맡으면서 각자의 기호도 알고 또 새로운 향기를 즐긴다.

유감스럽게도 오늘날 과거의 향기를 찾아내기란 쉽지 않다. 갓 발굴한 토기편에서는 특유의 흙냄새가 은은하게 남아 있기도 하

● 원래는 불교용어로, 부처가 지나가는 길에 꽃을 뿌려 그 덕을 기린다는 뜻이다.

| 초원의 풍경

다. 하지만 그건 잠시뿐이다. 깨진 토기를 붙이는 본드 냄새가 이내 냄새를 지워 버린다. 사실 고고학자들에게는 그 냄새가 더 친숙하다. 지금은 환각 성분도 없고 더 안전한 록타이트로 바뀌었지만, 내가 처음 고고학을 시작할 때만 해도 강한 본드 냄새가 흙냄새와 함께 작업실에 진동했다. 그리고 유물을 보관하는 창고는 유물 자체의 냄새보다는 보존처리 약품의 역한 냄새 탓에 오래 있기 힘들 때가 많다. 물론 유물의 보존을 위해서는 감내해야 하는 것들이다. 하지만 과거 사람들을 매혹시켰던 향기가 사라진 유물을 볼 때면 뭔가가 빠져버린 듯한 아쉬움은 늘 있다.

그래서 초원으로 직접 조사를 나가는 걸 나는 좋아한다. 과거 사람들이 좋아했던 향기를 조금이라도 느낄 수 있기 때문이다. 과거의 사람들은 대부분 그들 주변에서 구할 수 있었던 꽃과 약초에서 향을 얻었다. 알타이 고분에서 발견된 약초는 고수풀을 제외하면 대부분은 지금도 초원에서 흔히 구할 수 있는 약초들이다.

초원을 조사할 때에 틈만 나면 땅에 누워보곤 한다. 그러면 온갖 풀들의 희미한 향이 더 또렷하게 맡아진다. 민트향, 맵싸한 향, 달콤한 향. 이 초원의 향은 순간 다른 시간으로 나를 데려간다. 수천 년간 이 땅에서 살아온 유목민들의 삶 속으로. 지금은 사라지고 없는 그들과 나는 이렇게 향기로 소통을 한다. 나 혼자 하는 공상일지도 모르겠지만.

결국 우리도 먼 훗날 죽어 뼈로 남고 향기조차 남지 않게 될 것이다. 그때 우리는 우리의 아이들에게 어떤 모습으로 기억이 될까. 너무도 오랜 시간이 지나면 그 기억은 흐릿해질 것이고, 어쩌면 아무 것도 떠오르지 않을지도 모른다. 하지만 어느 날, 어느 곳, 누군가에 게서, 우리가 살아 있을 때의 향기와 비슷한 어떤 냄새를 맡았을 때 우리의 아이들은 우리를 떠올릴지도 모른다. 향이라는 건 그래서 아주 강력한 기억의 소환제이다.

코를 쿵쿵거리며 나의 향을 맡아본다. 내게서 나는 향을 나는 잘 모르겠다. 하지만 내게서도 어떤 향이 나고 있을 것이다. 어떤 향기 로 나는 기억될까. 좋은 향이었으면 하고 바래본다.

대학 시절 내 친구는 나에게 운향芸香이라는 호를 지어준 적이 있 다. 운향은 책을 좋아하는 선비들이 책의 곰팡내를 없애기 위해 두 었던 향이다. 유독 책을 좋아했던 나에게 책 속에만 파묻히지 말고 언제나 신선한 향을 풍기는 학자가 되라는 뜻이었다. 그렇다. 나는 자기만의 세계에서 고이지 않고 언제나 신선한 향기를 품은 사람이 되고 싶다.

8
—

발해인들도
돼지고기를 좋아했을까

"당신이 무엇을 먹는지 말해보시오,
그러면 난 당신이 누구인지 말해보지요."

- 브리야 사바랭, 『미식의 생리학』 중에서

음식의 맛만큼 복원하기 어려운 것이 없다. 맛이라는 것은 극히 개인적이며 주관적인 경험이기 때문이다. 그만큼 어떤 음식을 먹고, 어떤 맛을 선호하는지는 한 개인의 특색을 여실히 보여주는 것이라 할 수 있다. 때문에 예전의 맛을 복원하기 힘든 상황에서 그때의 사람들, 그 시대를 복원하는 건 고고학의 큰 과제이기도 하다.

인류의 진화를 밝히는 수많은 연구 중에서 인간이 동물의 골수를 먹음으로써 뇌지질이 획기적으로 발달되었다는 설이 최근 제기되었다. 또한 영국의 인류학자 로빈 던바는 초기 현생인류가 모닥불 옆에서 같이 고기를 굽고 음식을 나누어 먹는 일련의 행위를 통해서 사회적 활동을 촉진시켰다고 보았다. 음식에 대한 탐닉은 단순히 먹는 즐거움을 위한 것이 아니라 인류의 진화를 이끄는 일련의 과정이었다.

지금의 우리는 선조들이 지난 수백만 년간 끊임없이 무엇인가를 먹고 함께 나눈 결과물을 누리며 살고 있다. 하지만 과거의 맛을 똑같이 재현한다는 것은 어려운 작업이다. 1970~1980년대만 하더라도 대만에서는 고대 상나라와 주나라 때의 제사 음식을 재현하는 모임이 있었다. 본토에서 밀려 나왔지만, 중화 문명의 정통성을 잇고 싶어 했던 대만사람들은 다양한 갑골문과 기록에 나와 있는 제사음식의 조리법을 복원시켜 음식을 만들었다. 하지만 그 결과는 참담했다. 음식이 너무 맛이 없었던 것이다. 점점 참여자들이 줄어

들자 결국 현대적인 요리방법을 더하는 것으로 방향을 바꾸었다.

우牛: 머리부터 꼬리까지 사랑 받는

소만큼 한국의 음식문화를 역설적으로 보여주는 동물은 없다. 소는 전통적으로 농사의 원천으로, 가축 중 최우선이었다. 그럼에도 한국에서는 소를 요리하고 도살하는 문화가 세계 어디보다도 발달했다. 한국인들은 세계에서 유례를 찾기 힘들 정도로 다양한 부위를 이용하여 소 요리를 즐긴다. 머리끝에서 꼬리까지 버리는 부분 없이 다양한 요리 재료로 사용하고, 심지어 소뿔마저 약재로 쓴다.

러시아에서 유학하던 시절 하숙집 주인은 도살장에서 일했다. 소 꼬리, 내장, 도가니 등을 잔뜩 들고 와서 요리를 하곤 했다. 별다른 조리법이 있는 건 아니었다. 대부분 그냥 삶아서 먹었다. 러시아인이 일반적으로 먹는 요리는 안심, 등심, 갈비 정도로만 분류되었다. 특수부위를 꼽자면 삶은 뒤 차갑게 해서 먹는, 보드카 안주로 사랑받는 우설 정도다. 소를 흔하게 키우는 러시아도 이 정도이니, 다른 나라는 말할 것도 없을 것이다.

한국에서는 언제부터 이렇게 소를 키우고 먹었을까. 이 문제는 야생소가 언제부터 가축화 되었는지를 밝히는 것에서부터 풀어나갈 수 있을 것이다. 최근 고대의 동물뼈에서도 DNA를 추출해서 분석하는 방법이 도입되었다. 하지만 요리에 사용된 동물뼈는 요리과정에서 세포 안의 DNA가 대부분 파괴되기 때문에 제대로 된 결과가 나오지 않는 경우가 많다. 그럼에도 흥미로운 연구가 몇 개 진행되었다.

헤이룽장성*에서는 1만 년 전에 산 것으로 추정되는 야생소의 뼈에서 재갈의 흔적이 발견되었다. 그런데 이 야생소는 같은 시기 유럽이나 다른 지역의 야생소와는 다른 계통임이 DNA 분석으로 확인되었다. 그리고 이어지는 연구를 통해 동아시아만의 야생소들이 신석기시대부터 생존했음이 밝혀졌다. 2015년에는 길림 농안 하목가투에서 발견된 약 6000년 전의 야생소뼈에서도 비슷한 유전자가 나타났다. 지난 1만 년간 만주 일대에서 독자적으로 야생의 소를 잡아 가축화해 키웠다는 뜻이다. 한반도라고 크게 다르지 않았을 것이다. 다만 본격적으로 농장을 만들어 이 야생소를 사육했을 가능성은 없다. 우유를 활용했다는 증거도 찾을 수 없다.

본격적인 가축소는 적어도 삼국시대 이후에 등장했다. 제주도에서 발견된 3~5세기의 소뼈를 조사한 결과 현대 제주도의 흑우와 큰 차이가 없음이 밝혀졌다. 그리고 청계천에서 발견된 조선시대의 소뼈도 현대의 소뼈와 큰 차이가 없었다. 이제까지 국내에서 소뼈를 분석한 것은 이 두 사례가 전부다. 삼국시대의 유적에서 가축소가 분명하다고 단정할 만한 뼈는 아직 발견되지 않았다. 대신에 소를 실제로 농사에서 사용한 증거가 삼국시대의 밭과 논 유적에서 발견되었다. 대표적인 예가 진주 남강 유역에서 발견된 평거동

● 중국의 가장 동북쪽에 위치한 성. 만주의 북쪽에 자리한다.

진주 평거동 유적에서 발견된
소와 사람의 발자국

유적이다. 여기에서는 삼국시대의 논과 밭이 발견되었는데, 소와 함께 밭을 가는 농부의 발자국이 나란히 찍혀 있었다. 비가 온 다음 날 질척한 땅에서 밭을 갈 때 그 발자국이 깊숙이 박히고, 그대로 땅이 굳어서 지금까지 남은 것이다. 당시 소를 끌고 다닌 농부나 소나 꽤 고생했을 것 같다.

『삼국사기』에도 눌지왕 때(438년)에 소가 끄는 수레를 사용했고, 지증왕 때(502년)에는 공식적으로 우경을 실시했다고 기록되어 있다. 즉, 5세기 이후에는 소로 밭을 가는 것이 일반적이었다는 뜻이다.

소는 단순한 농경 수단 그 이상의 의미를 지니며 숭배나 제사의 대상이 되기도 했다. 소를 통째로 묻은 유적이 발굴되기도 했는데, 마한의 중심지였던 나주 복암리 근처의 저습지에서다. 웅크린 소의 전신이 남아 있는 것으로 보아 의도적으로 매장을 한 것이 분명했지만 특이하게도 머리가 없었다. 2017년, 카자흐스탄에 있는 고분에서도 소머리의 뼈를 발견한 적이 있었다. 고분 돌무더기 위에 놓인 소뼈는 눈 주위에 붉은 색을 칠한 흔적이 남아 있었다. 고분을 쌓고 나서 소의 머리를 바치는 제사를 지낸 흔적이다.

그렇다면 한국에서 세계적으로 유례없는 소고기 문화가 발달할 수 있었던 요인은 무엇일까. 부위별로 소고기를 먹기 시작한 건 연산군 때부터인 것으로 알려져 있지만, 조선 후기에 이르러 역병의 창궐로 인한 도살, 우금 정책으로 인해 소고기 수요는 급증했다. 이 때부터 본격적으로 다양한 부위를 먹는 방법이 발달했다는 주장도 있다.[•] 그런데 고기에 대한 수요가 증가하는 것과 다양한 부위를 골고루 활용하는 것은 다소 다른 맥락이다. 고기가 풍부하면 오히려 다양한 요리가 발달하지 않을 수 있기 때문이다. 반대로 버리는 부위가 없이 골고루 사용하는 것은 오히려 대상으로 하는 고기가 귀할 때일 수 있다.

조선시대 후기 양반 계급의 급격한 확대가 생활에 많은 변화를 몰고 왔다. 그중 하나가 양반들의 전유물이었던 소고기를 그 외 계급의 사람들도 쉽게 즐기게 되었다는 데에 있다. 소고기의 수요가 확대되면서 좀 더 저렴하게 소고기를 즐기고자 하는 바람이 있었고, 이에 따라 백정들은 다양한 방법으로 도살해서 판매했을 가능성이 있다.

그런데 소의 수요가 늘어났다고 해서 갑자기 소고기의 요리법

●『조선, 소고기의 맛에 빠지다』, 김동진, 2018.

이 다양하게 증가할 수는 없다. 그 이전부터 사용되던 요리법이 소의 요리법으로 옮겨갔을 가능성이 더 크다. 특히 소는 사슴과 요리법이 아주 흡사하다. 양념 및 가공방법이 사슴고기와 아주 유사하다고, 조선시대의 문헌에도 적혀 있다. 사슴 목축을 하며 사는 에벤키족[●]의 경우 그 피도 섭취하는 것은 물론, 뿔부터 다리 끝까지 발골을 해서 다양한 용도로 쓴다. 그도 그럴 것이 이들은 사슴 고기와 그 부산물을 통해서 추운 툰드라 지역에서 필요한 대부분의 음식과 생필품을 조달했기 때문이다. 이러한 사슴의 목축과 도살 기술은 동북아시아에서는 말갈 계통의 사람들에게로 이어졌다. 이후 고려로 흘러들어와 일정한 집이 없이 떠돌아다니며 천한 일을 하던 양수척(수척, 화척 등으로 불림) 등을 거쳐서 조선 시대의 백정에게로 계승되었다.

고대인의 고기사랑을 남아 있는 뼈로 밝히는 방법도 있다. 좋은 예로 황금광 시대 시절인 19세기 중반, 캘리포니아의 유적을 조사한 미국 고고학자들의 연구가 있다. 캘리포니아의 한 신생 마을을 발굴한 고고학자들은 감옥, 하급식당, 비, 부지를 위한 호텔 등에서 나온 소뼈를 분리해 분석했다. 그 결과 호텔 구역에서는 갈빗대/허리 부위의 뼈가 많았고, 감옥은 앞다리 부위가 많았다고 한다. 당시에 미국의 서부 사람들이 선호하는 부위가 어디였는지를 짐작할 수 있다.

········

● 흔히 '퉁구스'족이라고도 한다. 시베리아와 만주 일대에서 사슴을 치는 원주민이다.

돈豚: 신에서 더러운 부의 상징으로

돼지만큼 다양한 이미지가 교차하는 동물은 없다. 일단 불결함이 먼저 떠오른다. 때로는 탐욕의 상징으로 묘사되기도 한다. 지금이야 돼지고기가 닭과 함께 대한민국의 양대 국민고기로 통하지만, 40여 년 전만 해도 평판은 그리 좋지 않았다. 심지어 돼지고기를 경시하는 풍조마저 있어서 "여름에 돼지고기는 잘 먹어야 본전"이라는 말들이 공공연하게 나돌기도 했었다. 워낙 부패가 쉽게 되기 때문에 잔칫집에서 누군가 식중독에라도 걸리면 대부분 돼지고기가 원인이었던 게 그 이유였다.

돼지는 부富의 상징이기도 하다. 100여 년 전 유럽에서 발행한 새해 기념 엽서를 보면 돈을 쏟아내는 돼지의 그림들이 많다. 서양에서도 돼지는 돈을 상징했던 것 같다. 돼지가 부를 상징한다는 이런 생각이 신석기시대로까지 거슬러 올라간다고 한다면 아마 잘 믿어지지 않을 것이다.

돼지는 인간과 한 집에서 살 정도로 동아시아 문명의 발달과 함께 한 동물이다. 북방 지역에서는 대체로 사슴과의 동물들을 목축했지만, 정착 농경권에서는 돼지를 집안에서 쳤다. 중국에서는 약 9000년 전으로 추정되는 허난 자후●●의 유적에서 처음으로 집돼지의 흔적을 찾았다. 이후 중국의 신석기시대 집자리와 무덤에서

●● 초기 신석기시대의 마을과 무덤이 발견된 중국 허난성의 대규모 유적.

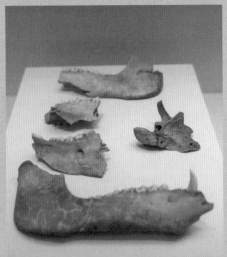

돼지뼈를 같이 묻은 다원커우 유적의 무덤(위)과 그 안에서
발견된 돼지 턱뼈(아래)

돼지의 머리뼈나 턱뼈가 발견되었다.

내몽골 동남부 지역의 대표적인 신석기시대 유적(8000년 전 유적으로 추정)으로 싱룽와興隆洼● 유적이 있다. 비록 행정구역은 내몽골이지만, 실제로는 만주 지역과 근접하고, 주요한 유물도 빗살무늬토기여서 한반도 및 만주의 신석기시대와 관련이 크다.

싱룽와 사람들은 차탈 후유크 사람들처럼 집자리 안에 무덤을 만들었다. 그런데 차탈 후유크와 달리 따로 무덤을 파헤치거나 손을 대지는 않았다. 아마도 계속 그 무덤을 관리하면서 살았던 것 같다. 그런데 싱룽와 118호 주거지 안에 만들어진 무덤에서는 흥미로운 현상이 발견되었다. 무덤의 주인공은 50대의 남자였는데 무덤 양 옆에 암퇘지와 수퇘지가 같이 묻혀 있었다. 가끔 선사시대 무덤 유적에서는 개와 같은 애완동물이 함께 발견되는 경우가 있었다. 하지만 암수 한 쌍을 묻는 경우는 거의 없다. 그러니 이 무덤에 묻힌 암수 한 쌍에는 주술적 의미가 있었을 것이다.

이 무덤뿐 아니라 싱룽와의 집자리와 무덤에서는 돼지뼈들이 제법 많이 발견되었다. 당시 이미 원시적인 농업을 했기 때문에 곡물이 비교적 풍부했을 것이고, 야생의 돼지를 마을로 들여서 사육을 했을 가능성이 크다. 이 무덤에서의 돼지는 사람들의 숭배대상이 된 세계 최초의 돼지일 것이다.

⋯⋯⋯⋯⋯⋯

● 현재의 치펑(적봉)시 근처에 위치한 초기 신석기시대 문화. 이 지역에서 유명한 홍산문화가 발달하기 전에 있었던 문화이다. 빗살무늬토기를 만들고 마을을 이루어 살았다.

그리고 돼지를 묻는 풍습은 사회 규모가 더 커지는 5000년 전, 신석기시대 후기로 보이는 산둥성 지역의 다윈커우 문화에서 더 확대된 것으로 나타났다. 그런데 이곳의 무덤에는 돼지의 턱뼈만이 같이 부장되어 있었다. 턱뼈의 수가 다 달라서 한 개도 없는 무덤이 있는가 하면 37개의 턱뼈가 부장된 경우도 있었다. 부를 상징하는 것이 바로 돼지 턱뼈였던 것이다. 이렇게 신석기시대에 돼지는 풍요를 약속하는 신의 모습으로 등장했다. 당시 부의 불평등이 시작되면서 무덤의 규모와 부장품에서도 차이가 나기 시작한 것이 아닌가 싶다.

러시아 사람들이 주로 먹는 음식 중에 살로라는 것이 있다. 살로는 돼지의 비계 부분을 소금에 염장해서 얇게 잘라먹는 음식이다. 'salo'라는 단어는 말의 안장을 뜻하는 'Sadlo'(영어로는 'Saddle')에서 나왔다. 살로는 7세기의 하자르 칸국*에서 그 명칭이 처음 등장한다. 살로는 러시아의 역사와 함께 해온 전통적인 음식이지만 러시아는 기후 조건으로 인해 돼지를 키우기가 쉽지 않다. 실제로 러시아에서는 돼지고기가 소고기보다 몇 배나 비싸다. 그럼에도 다른 지역에서는 잘 먹지 않는 돼지 비계로 만든 음식이 존재한다는 건 그만큼 돼지고기의 가치를 높게 평가했기 때문이다. 실제로 살로는

....
● 현재의 러시아 흑해와 우크라이나 일대에 있었던 나라. 돌궐 계통인 하자르인들이 건국했다.

러시아 사람들에게 꽤 유용하다. 살로는 열량이 높고 영양도 풍부해서 추운 겨울을 버티는 원동력이었다. 이처럼 추운 지방에서 돼지고기를 선호하는 경향은 한국을 포함하여 유라시아 전역의 북반구에서 공통적으로 보이는 현상이다.

부여의 북쪽에는 다소 생소하지만 읍루**라는 동이족의 일파가 있었다. 호전적이고 사냥을 좋아했던 이들이 살아가는 방식은 후에 말갈을 거쳐 여진, 만주족으로 이어졌기 때문에, 읍루를 이들의 조상으로 본다. 이 읍루인들은 추위를 견디기 위해서 돼지기름을 뽑아내어 연고처럼 몸에 발랐다고 한다. 본초학에서는 돼지기름이 종기, 동상, 육독을 다스리는 데에 특효라고 한다. 실제로 돼지기름은 동상과 추위에 갈라진 피부를 다스리는 데에 효과적이다.

하지만 읍루인들이 살았던 지역은 돼지를 치기에는 너무 추운 북쪽이었다. 이는 고고학적으로 쉽게 이해가 가지 않는 부분이다. 100여 년 전에 읍루인의 후손인 만주족을 연구한 러시아 학자 쉬로코고로프는 만주족이 중국인(한족)으로부터 돼지 치는 법을 배웠다고 썼다. 추운 지역에서 돼지를 키우는 것이 쉽지 않다고 생각했을 것이다. 하지만 역사 기록은 다르게 나와 있다. 실제로『삼국지 위지』〈동이전〉에는 읍루인들이 돼지를 잘 친다고 적혀 있다. 그러나 고고학적 증거를 보아도 양돈의 증거는 아직까지는 없다. 그렇다

●● 2000년 전 러시아의 연해주와 만주의 북부에서 거주하던 호전적이며 사냥을 좋아하던 주민들.

면 앞으로 양돈의 증거가 발견될까? 그냥 멧돼지들을 잡아서 먹었을 가능성도 배제할 수는 없다. 이에 대해서는 아직 시간이 더 필요하다.

698년, 읍루인의 후예인 말갈인의 땅에서 건국한 발해의 주민들역시 돼지고기를 좋아했던 것 같다. 발해의 위치가 러시아 혹은 읍루가 거주했던 워낙 추운 지역이기 때문이었는지 모른다. 그런데발해인의 돼지고기 사랑은 다소 엉뚱한 곳에서 그 흔적이 발견되었다. 바로 일본의 어느 화장실이었다.

8세기에 발해는 일본과 교류했고, 수차례 사신을 파견했다. 당시발해를 통해 대륙의 선진문화를 전수받고 싶었던 일본의 열망 때문이었다. 발해와 일본의 외교 초기에는 20~30명 정도가 왕래했지만, 후기에는 100명이 넘는 사신이 오고 갈 정도였다. 발해의 사신이 일본에서 머문 곳은 지금의 아키타현에 해당하는 데와出羽와 후쿠이현에 해당하는 에치젠越前 일대였다.

8세기의 아키타성秋田城 • 터에서는 우리나라의 백제 유적에서 발견된 것과 같은 수세식 화장실이 발굴되었다. 그 화장실 바닥의 흙을 조사해보니 돼지에서 발견되는 대표적인 기생충인 갈고리촌충pork tapeworm의 알이 발견되었다. 이 기생충은 돼지와 사람에게서

• 현재 일본 동북(도호쿠)에서 동해를 바라보는 지역인 아키타 지역의 옛 성. 지리적으로 동해를 마주보기 때문에 발해의 사신이 자주 머물렀다.

만 기생하는 것으로, 이 기생충에 감염된 돼지고기를 덜 익혀 먹었을 때 그 알이 인간의 내장벽에 알을 까고 살게 된다.

그런데 당시 일본에서는 거의 돼지고기를 먹지 않았다. 대부분의 단백질은 생선을 통해서 얻었고, 불교가 널리 성행하여 육식 자체를 금하는 경우도 많았다. 물론 당시 홋카이도 북쪽의 원주민인 오호츠크인들은 돼지를 사육해 먹기도 했다. 하지만 그들은 당시 일본의 남쪽 사람들과는 거의 왕래가 없던 북쪽의 이방인이었다. 게다가 당시의 수세식 화장실은 성 안에 만들어진 것으로 귀족들이나 귀한 손님들만 쓸 수 있었다. 그러니 이 아키타성의 화장실을 쓰고, 돼지고기를 주로 먹으며, 그래서 기생충 알까지 남겨 놓았을 사람은 발해인들이었을 가능성이 높다.

우리가 먹는 건 우리 몸속에 쌓인다. 고고학은 살아 있을 때 우리가 먹은 음식을 밝힌다. 거기에는 우리의 이야기가 스며들어 있을 것이다. 아마 수천 년 뒤에 한국의 요릿집이나 정육점 자리를 분석한다면 지금의 한국인들이 좋아했던 고기 부위와 숨겨진 식성도 파악할 수 있지 않을까. 물론 그런 작업은 쉽지 않을 것이다. 고고학자들이 수많은 뼈들을 부위와 종류별로 일일이 분류해야 하기 때문이다. 하지만 당신이 먹는 것으로 당신을 밝히겠다는 사바랭의 말을 증명할 수 있다는 것만으로도 고고학은 너무도 흥미로운 학문이다. 그러니 한 끼 먹는 것을 소홀히 하지 마시길.

자, 그럼, 오늘은 무엇을 먹으러 가볼까.

9

중국 황제도 반한
고조선의 젓갈

“오뉴월 보리밥엔 새우젓이오
한겨울 김치국엔 어리굴젓이오
장장 나지 않는 꼴뚜기젓이오
막걸리 안주 삼는 갈치젓일세.”

- 〈새우젓 파는 소리〉(노동요)

수천 년을 이어온 바다의 감칠맛

고대인들의 식생활을 적나라하게 알 수 있는 유물이 바로 조개무지(패총)이다. 원래 조개무지는 고대인들이 집 근처에 만든, 일종의 쓰레기터이다. 음식물쓰레기 중에서 특히 조개는 세월이 흘러도 썩거나 사라지지 않는다. 때문에 고대 바닷가의 사람들이 살았던 지역에서는 조개껍데기만 수북이 쌓여 있는 흔적들이 나오는 것이다. 그런데 이 조개무지에는 조개뿐만 아니라 각종 생활쓰레기도 같이 버려졌기 때문에 조개무지는 고대인의 생활을 제대로 이해하는 소중한 자료인 것이다. 조개무지가 영어로 'shell midden', 'shell kitchen midden'인 이유가 여기에 있다.

조개는 예로부터 별미 음식으로 대접받아왔다. 조개의 주성분인 아미노산이 주는 감칠맛 덕분이다. 하지만 북구 유럽을 제외한 연체동물 및 패류에 대한 의존도가 크지 않은 유럽 식문화의 영향으로 식량으로서의 조개는 다소 평가절하되어 왔다. 최근까지도 러시아를 포함한 슬라브인들은 조개와 연체류 동물을 일절 먹지 않았다. 최근 일본의 초밥문화가 확산되면서 식습관이 많이 바뀌기는 했지만, 여전히 전체 식단에서 차지하는 비중은 극히 적다.

사실 패총 발굴은 고고학자들에게는 힘든 과제 중 하나이다. 작업 자체가 워낙 까다롭고 그 안에서 발견되는 조개껍데기와 생선뼈들을 일일이 분석해야 하는 아주 지루하고 긴 시간이 이어지기 때문이다. 그래도 다른 즐거움은 있다. 조개의 껍데기는 알칼리성이라서 일반적인 발굴에서는 볼 수 없는 뼈나 나무 같은 유기물질이 꽤 많이 보존되어 있기 때문이다.

내가 패총 발굴을 처음 경험한 곳은 1990년대 초, 꼬막으로 유명한 벌교 근처였다. 벌교읍에서 조금 떨어진 곳에서 어떤 주민이 당시 유행하기 시작하던 오리구이 음식점을 만들면서 집을 개축했고, 그 과정에서 패총이 발견되었다. 굴껍데기가 워낙 많았기 때문에 꽃삽 대신에 호미로 살짝 긁고 굴껍데기 사이사이의 생선뼈와 유물들을 거둬야 했다. 자잘한 생선가시들은 핀셋으로 집거나 나중에 흙을 체질해서 수거했다. 지금은 이런 생선과 동물뼈들을 전문으로 분석하는 사람들이 많지만, 당시만 해도 그런 전문가가 드물어서 그 패총에 대한 자세한 분석은 이루어지지 않았다. 후대 관심 있는 학자들의 손을 기다리며 일단 잘 정리해서 유물수장고에 보관해두었다.

패총이 주는 고대에 대한 정보는 실로 방대하다. 조개마다 번식하는 수온이 다르기 때문에 당시의 기후를 알 수 있으며, 패총에서 발견되는 조개는 당시 사람들이 즐겨 먹는 것들이니 그들의 식성도 알 수 있다. 또한 조개껍데기 사이에서 발견되는 다른 동물뼈 흔적을 통해서 다른 식생활의 자료도 발견할 수 있다. 특히 패총 자체의 위치는 바로 당시의 해안선을 의미한다. 그러니 패총이 나온 지점을 이어보면 그 당시에 바닷물이 어디까지 올라왔나를 알 수 있다.

파전으로 유명한 부산 동래의 동래시장 근처에도 패총이 있고, 김해 시내 북쪽 언덕에 위치한 봉황대에도 패총이 있다. 부산 동래나 김해 봉황대처럼 지금은 시내 한가운데처럼 보이는 곳에 패총이 있었다는 것은 예전에는 해안이 그 근처에 있었다는 뜻이다. 실제로 패총과 옛날 기후에 근거한 지리학 연구를 참고하면 2000년 전에 현재 김해 시내 대부분은 바닷물이 들어왔거나 개펄 같은 곳이었음을 짐작할 수 있다. 김해 봉황대는 바다 위에 언덕처럼 솟아 있어서 배를 대기가 용이해서, 금관가야의 중심지로 활발한 교역이 이루어지기 좋았다는 뜻이 된다. 또 부산의 경우도 지금은 도시 한가운데인 동래 근처까지 바닷물이 밀려왔다는 뜻이 된다.

얼마 전 외국학자들과 함께 동래패총을 찾은 적이 있다. 시내 한가운데라는 내 말에 반신반의하다가 주택과 아파트들 사이에 위치한 조개껍데기가 쌓인 동래패총 유적을 보여주니 그제야 고개를 끄덕였다. '상전벽해'라는 말은 바로 이럴 때 쓰는 말이 아닌가 싶다.

고대인들의 바다에 대한 지식은 상상 이상으로 높았다. 러시아의 원로 고고학자 브로댠스키는 러시아 연해주의 한러 국경인 두만강 근처에 있는 6000년 전 신석기시대의 보이스만 패총을 분석하고 흥미로운 가설을 제시했다.

당시 신석기시대 사람들이 굴을 양식했다고 주장한 것이다. 보이스만 패총에서 발견된 굴의 껍데기를 검토한 결과 당시 사람들이 석호 lagoon(지하를 통해 해수가 섞여들어 일반 담수호에 비해 염분이 높은 호수) 근처에서 굴을 따서 먹었음이 밝혀졌다. 그런데 패총

대연평도 까치산패총(국립문화재연구소)

에서 발견된 굴껍데기에서 자란 지 1년 이내의 것은 전혀 없다. 그러니 당시 신석기시대 사람들이 일부러 굴을 양식해 다 자란 굴을 땄다는 주장으로 이어진 것이다. 물론 여기에서 말하는 굴양식은 지금과 같은 현대화된 양식과는 다소 다르다. 굴을 지속적으로 먹기 위해서는 굴의 안정적인 공급이 필요하다. 그러니 어린 굴을 마구잡이로 남획할 경우 굴의 생산량이 떨어져서 결국 그에 의지해 사는 사람들의 생활도 위험해진다. 즉 굴의 집산지를 보존하고 이미 성숙한 굴을 따고, 또 굴이 자라는 곳을 적절히 관리했다는 뜻이다.

젓갈의 역사

한국에서 젓갈이 기록으로 처음 등장한 것은 통일신라시대이다. 신문왕이 결혼을 할 때 왕비가 가져온 음식의 목록에서 '해醢'라는 글자가 등장하는데, 이는 바로 젓갈을 의미한다. 이 음식은 놀랍게도 러시아에서 널리 먹는 음식이다. 날생선살로 만든 샐러드이고 명칭도 '혜'이다. '해'의 발음이 전이된 것이다. '혜'라는 발음 때문에 처음 들으면 생선회를 떠올리기 쉽다. 하지만 이 음식은 저민 생선살을 삭혀서 식초와 고춧가루 등을 섞은 것으로, 한국음식으로는 강원도 지역에서 먹는 가자미식해와 가장 유사하다. 차이가 있다면 러시아의 혜는 바다생선이 아니라 주로 민물농어류를 재료로 쓴다. 사실 이 러시아의 혜는 함경도 지역에서 이주한 고려인들이 주로 먹던 음식이었다. 지금도 러시아의 전통시장에서는 고려인의 음식 사이에 이 혜가 어김없이 끼어 있다.

　이러한 생선젓갈류는 내륙지방보다는 한반도를 포함한 황해 연안 일대에서 발달했다. 감칠맛과 식욕을 자극하는 향으로 인기가 높았던 생선의 젓갈은 약 2000년 전 중국의 제왕을 반하게 했다는 기록이 있다. 중국에 현존하는 가장 오래된 농업기술서인 『제민요술』을 비롯하여 여러 음식에 대한 이야기를 담고 있는 고대 중국의 서적에서는 한무제의 입맛을 사로잡은 동이족의 젓갈 이야기가 종종 나온다. 한무제가 동이를 쫓아 해안을 거닐다 구미를 돋우는 냄새가 코를 찔러서 그 사연을 알아보니, 어부들이 생선 내장을 땅속에 묻어서 발효시키는 토굴에서 나는 냄새였다. 한무제는 젓갈을 맛보고 그 감칠맛에 반했다. 원문에는 '자미滋味'라고 되어 있는데, 단순히 맛만 있는 게 아니라 영양이 풍부하고 고소하다는 의미다. 젓갈에 반한 한무제는 오랑캐를 쫓다가 찾아낸 진미라고 하여 축이鱁鮧(오랑캐를 쫓아낸다는 의미)라고 불렀다고 한다.

　그런데 여기에 등장하는 동이속들은 산동성 혹은 고조선 부근에 살고 있는 부족을 지칭하는 것일 수 있다. 실제 한무제 재임 시절에 있던 주요 전쟁이 바로 기원전 109~108년에 벌어진 대고조선 전쟁이었다. 당시 한나라는 육군과 수군을 각각 출병시켰다. 수군의 출행지는 산동반도 끝이었고, 육군은 요서 지역을 따라서 고조선으로 갔다. 고조선과의 1년 전쟁 끝에 결국 한나라가 고조선을 멸망시켰음은 잘 알려져 있다. 그러니 '오랑캐를 쫓아낸다'라는 뜻의 이 음

식은 고조선과의 전쟁 과정에서 얻어낸 젓갈일 가능성이 크다. 하나의 전리품인 셈이다. 축이의 또 다른 해석으로는 고조선이 아니라 산동반도 일대를 순행하던 차에 산동 지역 해안가 사람들의 별미를 맛보았다는 뜻도 된다. '축이'를 '오랑캐의 문화를 따라가다'라는 뜻으로도 해석할 수 있기 때문이다. 하지만 어떠한 경우라도 그 맥락은 비슷하다. 산동 지역에서 랴오둥반도, 나아가서 서해안으로 이어지는 발해만 일대는 같은 어로문화권이었기 때문이다. 고조선을 포함하여 황해 연안을 따라서 널리 젓갈문화가 있었고, 그것이 한나라의 황제 입맛을 사로잡았다는 것만은 분명해 보인다.

일본에서도 젓갈을 만들었던 흔적이 종종 발견된다. 대표적인 예로 이와테현 미야노 패총●이 있다. 미야노 패총에서는 몸 전체

●일본 도후쿠에 위치한 죠몽시대(한국의 신석기시대에 해당)의 패총.

의 길이가 10센티미터가 안 되는 멸치, 정어리와 고등어 새끼 같은 뼈들이 대량으로 발견되었다. 이 생선들의 등뼈의 원형이 고스란히 남아 있었는데, 멸치류의 뼈는 2만 7000마리분에 해당한다. 우연하게 큰 생선의 뱃속에서 떼로 남아 있었던 흔적이라고 보기는 어렵다. 보통 이 지역의 가다랑어 같은 대형 물고기의 뱃속을 조사하면 50개 내외의 자잘한 뼈가 발견된다. 학자들은 여러 검토 끝에 이 자잘한 생선뼈들은 바로 젓갈을 만들어낸 흔적이라는 결론을 내렸다.

그렇다면 어떻게 이렇게 많은 생선뼈가 남게 되었을까? 바로 현대 동아시아 일대에서 널리 먹는 생선 액젓에 그 해답이 있었다. 생선 젓갈은 내장이나 전체 생선의 살을 삭혀서 먹기도 하지만, 액체 형태로 만들어서 음식의 조미료나 소스로 만들어 먹기도 한다. 베트남의 유명한 생선젓갈인 느억맘에서 한국의 까나리, 멸치 액젓에 이르기까지 동아시아의 액젓들은 공통적으로 자잘한 생선으로 만든다. 생선이 기름지고 크기가 작을수록 발효가 잘 되어서 젓갈 만들기가 수월하기 때문이다. 세부적인 차이는 있지만, 젓갈을 만드는 기본 원리는 생선을 발효시킨 뒤 액젓만 거르는 것이다. 그렇다면 젓갈을 만들고 나면 수많은 자잘한 생선의 뼈는 버려진다는 얘기다. 미야노 패총의 비밀은 바로 수천 년을 이어온 젓갈에 있었다.

5000년 전의 식중독

한편, 패총은 엉뚱한 증거를 보여주기도 한다. 1930년대에 일본 지바 현의 오야마 패총*에서는 한 가족으로 추정되는 부부와 어린이를 포함한 5기의 뼈가 집 안에서 발견되었다. 집 안에서 인골이 발견되는 일은 많지는 않지만 아예 없지는 않다. 전염병이나 적의 침입으로 한 집에서 살던 사람들이 몰살되는 경우 시신을 두고 집을 버리기 때문이다. 전쟁으로 사망한 인골들에는 폭력의 흔적 같은 것이 남는다. 전염병이 원인인 경우 시신과 함께 집을 통째로 불태운다. 병균이나 인플루엔자의 존재 자체는 몰랐어도 역병의 확산을 막는 최선의 방법을 알고 있었기 때문이다. 그런데 일본의 오야마 패총에서 발견된 인골에는 그런 흔적이 없었다. 특이하게도 집안에서 대량의 복어뼈도 함께 확인되었는데, 이 때문에 복어의 독에 의한 식중독 설이 대두되었다. 복어의 알과 내장에 있는 테트로도톡신의 위험성은 고대인들도 잘 알고 있었다. 하지만 동시에 복어는 그러한 위험을 감수하고서라도 먹을 가치가 있는 생선으로 사랑받았다. 고대의 여러 패총은 물론 한국의 삼국시대 유물에서도 복어의 뼈가 많이 발견된 것이 그 증거다. 대량의 복어뼈가 발견되었으니, 이 가족들도 복어요리를 자주 즐겼던 것 같다.

....

● 일본 동경 북쪽의 바닷가에 위치한 조몽시대의 패총.

신라와 가야인이 사랑한 상어고기

패총이나 집자리와 달리 무덤에서 발견되는 동물뼈의 조각들은 그 의미가 약간 다르다. 이들은 저승으로 떠난 사람에게 보내는 제사음식의 흔적들이다. 그러니 특정 부위의 흔적이 남아 있는 경우가 많다.

2500년 전 알타이 지역의 파지릭인들은 관 옆에 죽은 사람이 평소에 쓰던 목제 쟁반을 놓고 그 위에 양의 꼬리뼈 부분 고기와 잘라먹을 수 있도록 철제 칼을 같이 놓았다. 거의 대부분의 무덤에서 양의 꼬리뼈가 발견된 것으로 보아 당시 제사에 꼭 필요했던 음식이었던 것 같다. 그 옆으로 1~2개의 토기가 있었는데, 그 안에는 액체를 저을 수 있도록 나무로 된 스푼도 있었다. 이 토기에 담긴 것은 단순한 우유가 아니라 케피어(요구르트)나 마유주 같은 발효가 된 음료였을 것이다. 심지어는 토기 받침대도 나왔는데, 3개의 고리가 서로 붙어 있었다. 아마 음식을 바칠 때 토기의 순서나 위치를 틀리지 않고 가지런히 놓게 하는 용도였던 것 같다.

우리나라에도 삼국시대 제사음식을 엿볼 수 있는 자료가 있다. 바로 신라의 대표적인 왕족 고분인 황남대총이다. 황남대총은 부부의 무덤을 연달아 만든 것으로 직경이 1973년부터 1975년까지 발굴한 5세기의 신라를 대표하는 가장 큰 고분이다. 이 고분에서는 수많은 황금과 은제 유물들과 함께 수백 점의 토기들도 발견되었는데, 이 토기에는 주로 왕과 왕비를 위한 제사음식을 담았을 것으

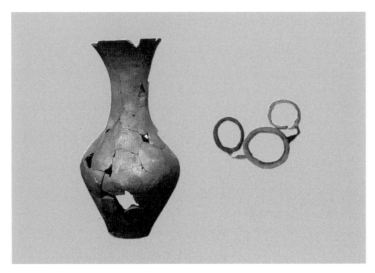

| 제사용 음료가 담겨 있던 파지릭 토기와 잔대(파지릭 고분)

로 추정된다. 특히 항아리 3개에서 나온 뼈를 분석해보니 소, 말, 닭, 꿩, 오리 등이 나왔다. 해산물로는 바다사자, 참돔, 졸복, 다랑어, 농어, 상어, 조기 등이 나왔다. 바다사자를 제외하면 지금도 수산시장에서 흔히 볼 수 있는 것들이다. 어패류로는 전복, 오분자기, 소라, 눈알고둥, 밤고둥, 논우렁이, 홍합, 재첩, 백합, 거북의 조각뼈가 나왔다. 여기에서 눈여겨 볼 것이 바로 상어고기다.

'돔베기'라 불리는 상어고기는 경상북도 일대의 제사상에 빠져서는 안 될 음식이다. 황남대총뿐만 아니라 신라에 편입된 압독국의 귀족들이 남긴 경상북도 경산시 임당동 고분유적에서도 상어뼈가 출토되었다. 이제까지 발견된 고분의 상어뼈를 보면 4세기경부터 경주, 울산, 포항 일대에서 상어고기를 제사용으로 쓴 걸 알 수 있다. 그리고 그 이후에 신라의 세력이 경상도 내륙지역으로 확산되면서 대구를 거쳐 안동까지도 확대되었다. 이를 '상어(돔베기) 문화권'으로 부르기도 한다.

일반적으로 그릇에 고기덩어리를 얹은 흔적으로 발견되지만, 아예 상어가 통째로 무덤에 들어가는 경우도 있었다. 경산 임당동과 함께 또 다른 압독국의 고분인 경산 조영 E-1호 고분에서는 순장자의 발쪽에 머리 부분이 없는 상어를 3마리씩 놓았다. 그 밖에도 방어, 복어, 잉어 같은 생선뼈도 많이 발견되었다. 이로 미루어 볼 때 당시 사람들은 바닷가에서 상어를 잡으면 곧바로 머리를 제거해 통째로 염장을 한 후 내륙 지역으로 운송했던 것 같다.

지금도 경상도 지역에서는 돔베기가 제사상에 오르곤 한다. 그런데 왜 유독 이 지역 사람들이 상어를 좋아했을까. 단순하게 당시 한반도 동남해안에 상어가 많이 잡혀서만은 아니었을 것이다. 모름지기 사람들이 좋아하는 맛에는 그들만의 비법이 있는 법이다. 상어는 주로 내륙 지역에서 널리 유행했으니 당시 사람들의 입맛을 사로잡은 녹특한 염장기술이 있었던 건 아니었을까. 만약 그랬다면, 그 옛날 가야와 신라인을 사로잡았던 염장 상어의 맛은 어땠을까.

173

10

몸에 새겨진
시간의 기억

그는 이발사의 비누칠, 면도, 마사지에 몸을 맡겼다.
이발사는 돈을 더 받지도 않고
그의 어깨와 등도 솜씨좋게 주물러서 근육을 풀어주었다.
왕룽은 새로 깎은 머리에
시원한 바람이 스며드는 것을 느끼며 중얼거렸다.
"평생 한 번이니 괜찮아!"

– 펄벅, 『대지』 중에서

일본원숭이는 사람처럼 온천을 즐기고 틈만 나면 서로의 몸을 긁고 털을 헤쳐서 벌레를 잡아준다. 다른 포유류 동물들도 틈만 나면 자기 새끼를 핥거나 가볍게 깨물면서 서로에 대한 애정을 표현한다. 진화인류학자들은 인류의 진화과정에서 서로의 몸을 쓰다듬는 과정은 중요한 요소였음을 지적한다. 특히 로버트 던바는 이러한 행위를 '그루밍'으로 규정짓고 인간 역시 서로를 어루만지고 느끼는 과정에서 사회적인 유대를 키웠으며, 여기에 음악과 언어가 더해지면서 현대의 인류로 발전할 수 있었다고 말했다.

침을 놓았던 3000년 전 두만강 유역의 사람들

인간의 삶은 치유의 과정이라고 해도 과언이 아니다. 과학적이든 비과학적이든 사람들은 꾸준히 자신들을 치유해왔다. 뼈에 남겨진 다양한 흔적으로 고대인의 병을 연구하는 고병리학은 이를 증명한다. 동아시아에는 한국과 중국을 중심으로 발달한 전통적 의술로 한의학이 있다. 이 한의학의 대표적인 치료 방법은 바로 침구법이다. 침술은 한나라 때에 본격적으로 체계화되었다. 그렇다고 그때 침술이 시작되었다는 건 아니다.

대학원 시절 두만강 유역의 청동기시대 무덤에서 발견된 뼈로 만든 수백 개의 바늘을 조사한 적이 있었다. 도대체 이 무덤의 주인

| 뼈침통(연길 소영자 출토) | 사람 머리 모양 뼈바늘(연길 소영자 출토)

은 누구였기에 무덤 안에 바늘귀도 없는 바늘 수백 개를 넣었을까 너무나 궁금했다. 하지만 그 바늘들이 침의 일종이라는 걸 밝혀낸 건 그로부터 20년이 훨씬 지난 2016년이었다.

서울대학교에는 과거 경성제국대학 시절부터 한반도는 물론 만주 일대에서 모아둔 다양한 유물들이 있다. 다양한 컬렉션 중에서도 특히 두만강 일대의 선사시대 유물과 발해의 유물이 많다. 그 이유는 1930년대 이후 일본이 만주 침략을 본격화 할 때 경성제국대학의 사학과 교수들이 함께 만주 일대를 조사했기 때문이다. 이 뼈바늘들은 경성제국대학 교수 후지다 료사쿠藤田亮策가 1938년에 두만강 부근의 연길 소영자● 유적을 조사할 때 발견한 것이다.

당시 일본은 만주 일대를 군사기지화 하면서 소련과 접경한 연변시 외곽에 비행기 격납고를 만들었다. 그 과정에서 약 3000년 전의 고대 돌무덤 유적이 발견된 것이다. 각 무덤에서는 10~30센티미터 크기의 돌침과 뼈침이 수십 개씩 통에 넣어진 채로 발견되었고, 후지다는 그 유물들을 경성제국대학으로 옮겨놓았는데, 해방이 되면서 서울대 박물관으로 그 유물들이 고스란히 옮겨졌던 것이다. 후지다가 가지고 있던 자료들은 다행히도 1990년대 중반 최몽룡 교수님이 되찾았다.

연길 소영자라는 지명은 몰라도 여기에서 발견된 사람 얼굴

●지린성 연변시 외곽의 소영자 마을에서 발견된 3000년 전의 돌로 만든 무덤 유적. 사람 얼굴 모양이 새겨진 뼈바늘은 한동안 국사 교과서에 수록되어서 친숙하다.

이 새겨진 뼈바늘 사진을 보면 "아!" 하고 알아볼 사람이 많다. 1970~1990년에 중고등학교 국사교과서에 이 사진이 실렸기 때문이다. 이 정도로 유명한 유적이지만, 사실은 어떤 유적인지는 제대로 알지 못한 채 유물만 남아 있었던 차였다. 그 중요성을 파악한 최몽룡 교수님은 연구를 시작했고, 당시 조교였던 나도 옆에서 자료 정리를 거들었다. 후지다의 노트와 사진들을 정리하면서 3000년 전 두만강의 뼈로 만든 침들과 나는 운명적으로 만나게 되었다. 하지만 석사논문을 쓰고 곧바로 시베리아로 유학을 떠나는 바람에 자료 정리를 마무리할 수 없었다.

언제나 마음 한구석에 빚처럼 남아 있던 소영자 유적과 다시 조우한 건 그로부터 15년이 지난 뒤였다. 당시 나는 일제강점기의 유물을 다시 조사하는 서울대 박물관의 연구 계획에 참여했다. 나는 방학을 이용해 서울대 박물관의 유물창고에서 모든 유물들을 꺼내 살폈다. 하지만 내가 품었던 의문은 없어지지 않았다. 보통 뼈바늘이 나오면 바늘이라고 단정한다. 하지만 소영자 유적에서 출토된 바늘 중 상당수는 너무나 얇고 잘 바스러져서 도저히 옷을 꿰맬 수 없었다. 게다가 바늘귀도 없는 게 대부분이다. 또 옷을 만들 때 쓰는 도구인 방추차(실을 뽑을 때 쓰는 도구)도 발견되지 않았다. 게다가 이 바늘은 바늘통에 수십 개가 담겨 있었고, 소중한 물건인 듯 시신의 배 위에 놓여 있었다. 3000년 전 소영자에 방직공장이 있었던 것도 아닐 텐데, 무슨 영문인지 궁금할 뿐이었다.

그러던 중 우연히 한의학사를 연구하는 차웅석 교수를 만나서 공동연구를 시작하게 되었다. 차웅석 교수는 나에게 결정적인 힌트를 제공했다. 소영자 유적의 시신 배 위에는 가공한 어떤 흔적도 없는 미끈미끈한 자갈돌이 있었는데, 나는 이 돌이 우연히 무덤으로 떨어진 것으로 생각하고 간과했다. 하지만 차 교수는 이 둥근 돌이 한의학에서 말하는 위석_{熨石}, 즉 안마용 돌일 수도 있다는 가능성을 제기했다. 그렇다면 소영자의 바늘은 침의 초기 형태일 가능성이 높다는 것이었다.

소영자 문화와 비슷한 때에 만들어진 두만강 일대의 청동기시대 무덤 곳곳에서도 침통과 바늘이 발견되었다. 소영자의 침은 우연히 발견된 것이 아니라 당시에 두만강 일대에서 널리 유행했다는 걸 의미한다. 북한의 나진, 중국의 연변 지역은 물론 러시아 연해주 일대에서도 침을 사용했다. 내가 아는 한 중국이나 초원 일대에서 이렇게 침을 놓는 전통이 널리 퍼진 곳은 없었다. 우연히 침을 놓는 정도가 아니라 마치 가정상비약처럼 두만강 유역의 사람들은 침술을 일상적으로 사용했던 것이다.

이후에 사료들을 보니 고구려 사람이 침을 잘 놓았다는 기록이 당나라 단성식이라는 사람이 쓴 풍속지인 『유양잡조』에 실려 있었다. 그리고 일본을 대표하는 고대 역사서인 『일본서기』에도 일본인이 침술을 배우러 고구려에 유학했다고 기록되어 있으니, 고구려의 침술은 당시 주변 국가들 사이에서도 뛰어나다고 정평이 나있었던 것 같다. 고구려는 일찍이 두만강 유역을 자신들의 지배하에 두었으니, 두만강 유역의 침술 전통이 계승되었을 가능성이 크다.

하지만 고고학자의 고민은 여기에서 끝나지 않는다. 왜 유독 두만강 유역에서 이렇게 침술이 발달했을까. 두만강 유역은 한랭한 기후였기 때문에 이 지역의 사람들은 두꺼운 모피를 두르고 겨울에는 집 안에서만 생활했다. 화장실을 집안 한가운데에 두었고, 추위를 견디기 위해 지속적으로 돼지기름을 바르며 살았다. 이런 불결한 환경에서 피부병이 빈번하게 발생했을 것이고, 침술로 종기를 째는 치료가 이 지역에서 널리 퍼질 수밖에 없었을 것이다. 실제로 중국 고대의 사서『좌전』에서도 동방에서는 종기가 많아서 '폄석'이라고 하는 날카로운 돌로 그 종기를 째고 치료한다고 되어 있다. 그리고 이 폄석이 이후 침으로 발전되었다는 것이 한국과 중국의 여러 고대 의서에 기록되어 있다.

연구는 아직 걸음마 단계이다. 하지만 한의학 연구에서 최초로 고고학 유물을 통하여 막연하게 모든 한의학이 중국에서 기원했을 것이라는 기존의 연구에 반론을 제기할 수 있었다. 사실, 한민족 침술의 기원이라는 말만 들으면 마치 우리나라가 우수하다는 생각으로 들릴지 모른다. 하지만 내 연구는 두만강 유역의 매우 열악한 기후환경에서 출발했다. 침술은 겨울이 긴 추운 기후를 견디는 과정에서 필연적으로 발생하는 종기와 같은 풍토병을 이기기 위한 고대인들의 지혜에서 나온 것이기 때문이다. 이 연구를 통해 의학도 결국 자신들의 몸을 고치려는 인간의 지혜에서 나온다는 단순한 진리를 확인한 한편, 한의학은 동아시아 전역에서 발달한 이러한 지혜들이 모아져온 것이라는 점을 확인할 수 있었다. 여러

모로 기억에 남는 연구이다. 그리고 무엇보다도 개인적으로 사반세기를 끌어온 내 궁금증에 1차 마침표를 찍었다는 것만으로도 행복한 연구였다.

문신: 고통과 바꾼 아름다움

침술과 함께 몸에 자극을 주는 행위로 문신이 있다. 통증과 함께 문신은 사람에게 지워지지 않는 이미지를 선사한다. 문신은 현생인류가 등장하고 시작된 여러 예술활동 중 하나였다. 한국에서는 피부가 남아 있는 미라가 발견되지 않았기 때문에 문신의 실질적인 증거는 없다. 하지만『삼국지 위지』〈동이전〉에 삼한 사람들이 문신을 했다는 기록이 있으니 적어도 2000년 전부터 유행한 셈이다. 암각화를 통해 문신을 확인할 수도 있다. 1만 년 전으로 추정되는 러시아 극동 아무르강 중류의 하바로프스크 근처에 위치한 사카치-알리안 암각화에서도 문신을 한 얼굴상이 많이 발견된다. 이 문신은 아메리카 인디언과 북극해에 거주하는 추크치족의 문신과 비슷하다.

문신을 하기 위해서는 날카로운 침이 몸을 수백 번 찌르는 고통을 감내해야 한다. 이렇게 침으로 찌르는 행위는 기본적으로 침술과 그 효과가 유사하다. 침술의 원리는 침으로 중추신경을 활성화 하는 것이다. 경혈의 원리를 모르더라도 아픈 부위나 특정 부위를 자극하면 몸의 통증이 감소했던 경험이 있을 것이다. 자연과

| 사카치-알리안 암각화에 새겨진 그림들

함께 하며 생존해온 과거의 사람들이 이러한 원리를 몰랐을 리가 없다. 문신이 일종의 치유행위가 될 개연성은 충분히 존재했던 셈이다.

실제로 유라시아에서 발견된 미라에서는 미용 및 치료의 목적으로 문신이 이루어졌음이 확인되었다. 남부 시베리아 알타이 산악지대에서 발견된 2500여 년 전 파지릭 문화의 전사들 무덤에서다. 이 지역은 영구동결대라는 기후조건으로 인해 미라들이 다수 발견되었는데, 알타이 파지릭 제2호 고분의 왕족 미라에 흥미로운 흔적이 있었다. 이 왕족은 머리 부분을 제외한 거의 몸 전체가 화려한 문신으로 덮여 있었다. 심지어 허리뼈에는 작은 점을 찍은 듯한 문양이 그려져 있었다. 어쩌면 이 점 같은 문신은 치료의 흔적일 가능성도 있다.

사람의 척추는 일곱 개의 경추, 다섯 개의 요추 그리고 열두 개의 흉추로 이루어져 있다. 기마와 같은 행위는 인간에게 필연적인 요통을 유발시켰고, 특히 몸의 하중을 받는 아래쪽 허리 부분은 고질적인 통증에 시달렸을 것이다. 이를 다스리기 위해 침으로 자극을 주고 통증을 완화시키려 했다고 상상하는 건 그래서 단순한 공상은 아닐 것이다. 이는 오늘날의 침구법과 유사한 방법이다.

문신을 하면서 주술적인 치료 효과를 기대했다는 사실이 문신 색소의 성분 분석에서도 밝혀졌다. 알타이 파지릭 문화 미라의 문신에 남겨진 색소는 숯 검댕의 일종인데, 사람의 몸에 들어가서 몸을 치장하는 것이라 나름의 의미를 부여했다. 시베리아 초원의 주

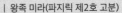
| 왕족 미라(파지릭 제2호 고분)

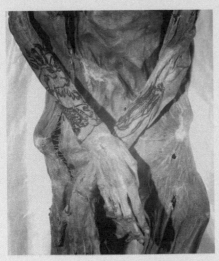

| 파지릭 고분 미라에서 발견된 문신의 복원도

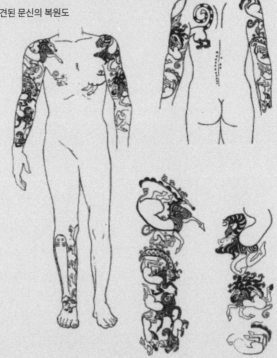

민들은 솥에서 떼어낸 검댕을 문신에 사용하고, 의식 때에는 몸에 바르기도 하는데, 자기들의 수호신이 깃들어 있는 솥에서 떼어낸 검댕만이 악령을 몰아낸다고 생각하기 때문이다.

2500년 전 파지릭 문화의 유목민에서 최근의 시베리아 원주민에 이르기까지 문신에 쓰는 색소에 의미를 부여하는 건 똑같았다. 의식에 사용했던 청동솥의 겉에 붙어 있는 그을음에 신성함을 부여하고, 그 기운을 몸속으로 간직하려 했을 것이다. 파지릭 문화에서는 페르시아에서 만든 카펫을 비롯하여 의복, 우유술을 담은 그릇 등 여러 유물이 발굴되었고, 여기에는 다양한 페르시아 계통의 문화가 유입된 증거가 있다. 이러한 페르시아 계통의 문화뿐만 아니라 불을 숭배하는 조로아스터교 계통의 의식도 들어왔음은 분명하기 때문에 아마 파지릭 문화의 문신도 불과 관련된 의식을 한 후에 그 검댕을 이용해서 시문한 것으로 추정된다.

알타이뿐만 아니라 알프스 빙하 지대에서 발견된 5000년 전의 사냥꾼, 외치 미라(일명, 알프스의 아이스맨)에서도 다수의 문신이 발견되었다. 서양학계에서는 이를 침술의 증거로 보고 있다. 하지만 중국 학계에서는 침술의 종주국이 중국임을 부정하는 설이라며 강력히 반발하고 있다. 사실 현대 침술의 발달과 선사시대 문신과 관련된 침술(엄밀히 말하면 자극요법)을 곧바로 연결 지을 필요는 없다. 외치가 침술의 기원을 증명하고 있다기보다는 선사시대부터 침술이 문신이라는 풍습과 연관되어 있었다는 정도로만 이해하면 되지 않을까.

귀파기의 기원

유학생활을 하는 동안 소소한 것들이 아쉬웠을 때가 특히 기억에 남는다. 한국인이라고는 전혀 없는 과학단지로 유학을 간 나에게 닥친 첫 번째 시련은 손톱깎기와 귀이개였다. 손톱은 러시아 사람들처럼 가위를 쓰는 것으로 해결을 했는데, 문제는 귀이개였다. 짧은 러시아어로 상점에서 귀이개에 대해 한참 설명하니 눈을 껌뻑이던 주인이 나에게 건네준 것은 성냥갑이었다. 서양인들은 귀지가 대부분 물기를 머금고 있어서 면봉 같은 것으로 귓속을 청소한다는 것을 알게 된 건 그로부터 훨씬 뒤였다. 가끔 마른 귀지가 있는 사람들의 경우는 성냥개비 같은 것으로 귀이개를 대신했던 것이다. 물론 성냥으로 귀를 청소하는 것은 전문의들은 금기시하는 것이었지만, 너무도 간질간질한 귀 때문에 어쩔 수 없었다.

한바탕 소동을 벌이고 보니 실제 내 주변에서 귀를 후비는 사람들은 거의 찾아볼 수 없었다. 하지만 다소 마른 귀지를 가진 동아시아 쪽으로 오면 상황은 달라진다. 일부 지역에서는 귀파기가 금기시되기도 하지만, 동아시아에서는 귀파기가 사치스러운 스킨십, 화장의 일종으로 발전하면서 하나의 문화로 자리 잡을 정도였다. 한국에서도 근대 이후의 민속품에서 귀이개는 흔하다. 한국의 민속품을 보면 대부분 여성 비녀의 한쪽을 마치 수저처럼 사용했다. 그것은 중국도 마찬가지였다. 여기에서의 비녀는 우리가 흔히 사극에서 보는 장식용의 굵은 비녀가 아니라 작은 머리꽂이를 말한다.

이 귀파기에는 어떤 고고학적 이야기가 담겨 있을까. 일단 귀청소의 전통은 지역마다 다르다. 귀를 후벼서 청소하는 방법은 동양에서 특히 발달했다. 일상생활에서 흔히 볼 수 있는 귀이개가 그 증거이다. 인도–유럽인은 귀파기를 그리 즐기지 않았다. 고고학적으로 남은 유물도 그리 많지 않다. 3~4세기경 로마시대에 사용했던 청동제 귀이개 정도가 발견되었을 뿐이다(이 유물은 뉴욕 메트로폴리탄 박물관에 보관되어 있다).

그런데 우리의 귀이개에 가장 먼저 주목한 사람들은 엉뚱하게도 일제강점기의 제국주의 고고학자 세키노 다다시였다. 그는 조선총독부와 협력하여 식민지 한국의 유적과 유물을 일본의 것으로 만드는 사업을 위해 『조선고적도보』 15권을 연차적으로 발간했다. 그의 책에는 한국에 남아 있는 대부분의 보물과 국보들이 수록되었다. 한국의 유적과 유물 속에 엉뚱하게도 고려시대에 만든 청동제 귀이개 세 점이 포함되어 있었는데, 내가 아는 한 우리나라 어떤 책에도 귀이개가 국보로 수록된 적은 없었다. '미미카키耳かき'라고 하여 우리보다도 더 넓게 귀를 청소하는 문화가 일본에 발달해 있는 것과도 관련된 것이 아닐까 싶다.

고고학적으로 보면 귀이개를 가장 오래 전부터 사용한 건 중국이었다. 약 3200년 전 중국 상나라 무정왕의 부인이었던 부호묘의 여러 부장품 중에서 옥으로 만든 귀이개가 발견되었다. 현재까지 전해지는 귀이개 중에서 가장 오래된 것이다. 귀이개가 두 점이 나왔는데, 각각 길이가 10센티미터와 4센티미터로 다르다. 서로 다른 용도로 사용했음을 짐작할 수 있다. 그런데 이 귀이개의 몸은 마치 날렵한 날치나 꽁치 같은 생선의 모양이었다. 이 생선의 등에는 울퉁불퉁하게 지느러미가 표현되었으니, 아마도 귀를 후빌 때에 미끄러지지 않게 하려는 용도였던 듯하다. 이렇게 상나라 때에 귀이개는 귀족들의 생활필수품이었고, 상황에 따라 다양한 형태의 귀이개를 사용할 정도로 그 전통이 발달했다는 것도 밝혀졌다.

상나라에서 시작된 귀이개의 전통은 춘추시대(기원전 8~5세기)로 이어졌다. 중국을 통일한 진시황의 조상인 진 경공(기원전 537년 사망)의 무덤에서도 비슷한 귀이개가 발견된 적이 있다. 진나라의 왕들도 사용했으니 진시황도 애용했을지도 모르겠다. 아니, 어쩌면 중국의 귀족들에게 이러한 귀이개는 필수품이었는지 모른다.

한국에서는 북만주 부여 계통의 문화에서 발견되었다. 3~5세기에 헤이룽장성 동북쪽 끝 러시아와의 국경에 가까운 지역에 위치한 펑린鳳林 성터 유적으로, 삼강평원이라고 하는 헤이룽강 동북쪽 가장 끝에 위치한 곳이다. 전통적으로 이곳은 사냥을 주로 하는 말갈 계통의 문화가 많이 분포했는데, 기원전 2세기경부터 부여 계통의 문화가 이 지역으로 널리 확산되었다. 삼강평원에서 출토된 귀이개는 골제(뼈로 만들어진)로, 한쪽은 스푼, 또 다른 한쪽은 뾰족한 모양이다. 이 귀이개는 한국의 비녀처럼 머리에 꽂고 있다가 필요하면 뽑아서 귀이개로 썼을 가능성이 크다. 하지만 비녀로 쓰기엔 다소 작아서 다른 한쪽에 장식을 꼽아서 사용했을 가능성도 있다. 시기를 짐작해보면 3~4세기인 것으로 추정된다.

| 부호묘에서 발견된 귀이개

| 발해 성터에서 발견된 귀이개

부여에서 시작된 귀이개의 역사는 발해로 이어진다. 2017년 연해주에서 한국의 국립문화재연구소가 발굴한 발해의 스타로레첸스코예 성터에서는 청동으로 만든 귀이개가 발견되었다. 이 유물은 한쪽 끝은 귀이개, 다른 한쪽은 잔털을 뽑는 족집게로 만들어져 있었다. 전문적인 화장도구인 셈이다. 그런데 이 유물은 무덤이 아니라 성터 안의 문화층(유물이 발견되는 지층을 말하는 고고학 용어)에서 발견되었다. 즉 집자리 안이 아닌 길거리에서 발견된 것이다.

청나라 말, 중국 북방의 한 농촌을 배경으로 한 펄 벅의 소설 『대지The Good Earth』에는 주인공 왕룽이 귀청소를 하는 장면이 나온다. 왕룽은 결혼을 위해서 성 안에서 큰맘을 먹고 길거리 이발사로부터 귀와 코청소를 받는다. 발해에도 이처럼 길거리 이발사 같은 사람이 있지 않았을까. 발해의 성터에서 유독 크고 작은 장기알(또는 고누알)들이 많이 발견된다는 것도 눈여겨볼 만한 현상이다. 물론 이 장기알은 도기나 기와 깨진 것을 적당히 갈아서 둥글게 만든 것이다.

눈을 감고 펄 벅이 『대지』에서 묘사한 청나라 성 안의 시장 그리고 발해의 성터를 떠올려본다. 사람들이 집 밖에 옹기종기 모여 앉아 장기나 고누를 즐기고, 어느 한쪽에서는 왕룽과 같은 사람들이 귀청소를 받고 있는, 그런 상상을 해본다. 어디 그뿐이겠는가. 간질간질한 귀청소를 받는 느낌은 많은 사람들이 공유하고 있을 것이다. 과거 이래로 귓속을 청소하려는 인간의 욕망은 있어 왔다. 연해주 벌판의 황량한 발해 유적에서 발견된 작은 귀이개는 오래전 그들이 우리와 다르지 않았다고, 소곤대듯 전하는지도 모른다.

어느덧 우리는 몸으로 느끼는 기억이 적어지고 있다. 영화 〈루시〉의 여주인공(스칼렛 요한슨)이 약물의 효과로 인해 자신의 모든 인생을 기억할 수 있게 되었을 때, 가장 먼저 한 행동은 어머니에게 전화를 걸어 자신이 모유를 먹은 그 순간과 자신의 이마에 했던 수천 번의 입맞춤을 기억한다고 말한 것이었다. 내게는 아주 인상적인 장면으로 남아 있다.

살아가면서 경험한 행복한 기억은 동시에 다시는 돌아갈 수 없는 때에 대한 슬픈 기억이기도 하다. 타투는 고통스러운 행위이지만 그럼으로써 그 기억을 오래도록 간직할 수 있게 하기도 한다. 몸의 감촉과 정신의 기억이 함께 존재한다고 할 수 있을 것이다. 그렇게 생각한다면, 타투야말로 몸에 새기는 마음의 지도가 아닐까 싶다.

11

파괴와 복원,
고고학 발굴의 패러독스

"고고학 발굴이란, 일종의 유적 파괴 행위이다."
– 김원룡(전 서울대 고고미술사학과 교수)의
정년논총에 수록된 회고록에서

고고학만큼 역설적인 학문이 없다. 왜냐하면 과거를 밝히기 위해서는 반드시 과거의 유적을 파괴해야 하기 때문이다. 현장에서 고고학자들이 수많은 도면과 사진을 남기며 신중하게 발굴을 진행하는 이유도 바로 여기에 있다.

한번 발굴한 유적은 어떠한 경우에도 되돌릴 수 없다. 간혹 유적을 발굴하지 않고 유보하는 경우도 있다. 땅속에 있는 것이 역설적으로 유적을 오래 보존할 수 있기 때문이다. 하지만 무작정 발굴을 하지 않는 것도 답이 아니다. 발굴을 하지 않으면 정작 과거의 유적과 유물에 대한 지식을 얻을 수 없기에 오히려 고고학의 발전은 저해된다. 그러니 최소한의 발굴로 최대한의 효과를 얻는 것이 고고학 발굴이 지향하는 바다. 그래서 고고학자들은 발굴을 '수술 자국이 작을수록 좋은 외과수술'에 비유하기도 한다.

자연스럽게 고고학자들은 발굴 작업에서 사소한 정보라도 놓칠까 주의를 기울일 수밖에 없다. 새로운 유적이 나오면 세밀하게 유물과 유적을 촬영하고, 도면으로 만들어 놓으며 모든 과정을 일일이 노트한다. 기계의 도움을 받는다고는 하지만 고고학 발굴장에서의 많은 과정은 여전히 사람의 손을 거쳐서 완성된다. 고고학 현장에서 강인한 체력과 꼼꼼함이 동시에 요구되는 이유이다.

고고학이 파괴를 의미하는 또 다른 이유는 '구제발굴' 때문이다. 보통 현대 구조물을 만드는 경우 땅을 깊게 파거나 메우는 정지整

^地 작업이 동반되기 때문에 땅속에 있는 유적의 파괴는 필연적이다. 구제발굴은 건물이나 도로를 만드는 과정에서 땅속에 있는 유적이 불가피하게 파괴될 때 공사에 앞서 미리 유적을 발굴하는 것을 말한다. 최근 건설 공사가 많아지면서 한국에서는 전체 발굴의 95% 이상이 구제발굴이다. 정말 중요한 유적이라면 아예 공사가 중단되거나 유적을 다른 지역으로 옮기기도 하지만, 대부분의 경우는 발굴이 끝나면 건물들이 들어서고 영영 그 자취를 찾을 수 없게 된다.

사실 구제발굴이 본격적으로 한국에 도입된 지는 30년도 되지 않았다. 그러니 서울이 발전하면서 얼마나 많은 유적이 사라졌는지는 아무도 모른다. 구제발굴은 결코 올바른 해법은 아니다. 발굴의 기술은 계속 발전하기 때문에 지금 아무리 최선을 다해서 발굴했다고 해도 수십 년, 수백 년이 지난 뒤에 우리의 후손들이 본다면 아쉬울 수밖에 없기 때문이다.

최근 대한민국에서 고고학 발굴로 가장 큰 논쟁이 일어난 곳 중 하나는 강원도 춘천시 한가운데에 있는 중도 레고랜드 건설장이었다. 레고랜드 부지에서는 비파형동검이 발견되었다. 이곳에서 출토된 동검은 한국은 물론, 동북아 청동기시대의 연구에 새로운 획을 긋는 중요한 자료이다. 왜냐하면 비파형동검이 무덤이 아니라 집자리에서 나왔기 때문이다. 이제까지 비파형동검은 거의 예외 없이 고인돌이나 돌무덤 같은 특수한 무덤에서만 발견되었다. 족장들만 사용했다가 사후 무덤에 같이 가져갈 정도로 귀중했다는 뜻이다.

| 춘천 중도의 전경

| 비파형동검(아래)이 출토된 춘천 중도의 40호 집터(위)

중도 유적의 발굴로 비파형동검이 보통 집에서 사용될 정도로 일반화되었을 뿐만 아니라 매우 활발히 사용되었다는 것이 밝혀진 것이다.

비파형동검뿐이 아니었다. 중도는 수백 개의 고인돌과 1000여 개가 넘는 유물이 발견된 청동기시대의 거대한 중심지였다는 점에서 고고학자들에게 충격을 안겼다. 아마 청동기시대에 중도는 춘천 일대의 손꼽히는 도시 중 하나였을 것이다. 이 정도 규모라면 당연히 수십 년을 두고 천천히 조사를 해야 한다.

1985년에 일본의 나라현에 있는 후지노키 고분藤ノ木古墳이 발굴되었다. 이 고분은 6세기 경에 백제에서 일본으로 건너간 도래인의 무덤이었다. 특히 도굴되지 않고 거의 완벽하게 보존이 된 석관과 벽화가 발견되어, 당시 한국의 언론에서는 도래계의 증거라고 대서특필했었다. 하지만 당시 일본은 석관을 다시 덮어버리고 조사 중지를 선언했다. 한국에서는 도래인의 역사를 숨기기 위한 일본의 술수라고 의심했다. 하지만 그건 오해였다. 이후 일본은 몇 년의 조사 끝에 그 자료를 발표했다. 그 시간은 유물을 손상 없이 발굴해내기 위해 필요한 시간이었던 것이다.

생각해보자. 왜 레고랜드를 유적지가 많아서 사적지로 등록된 중도 위에 세우려고 했을까. 그곳은 춘천 시내의 한가운데에 위치하여 경치도 수려하고 접근성도 좋은, 아직까지도 개발이 안 된 땅이기 때문이다. 그런데 이 땅이 개발이 되지 않은 이유는 1980년대에 이미 이곳에 엄청난 유적이 존재한다고 알려졌기 때문이다. 유적의 규모와 그 의의로 볼 때 긴 시간을 두고 천천히 조사해야 한다고 판단했고, 대대손손 보존하기 위해 사적으로 지정했다. 하지만 현대의 정치가와 사업가들은 개발을 포기하지 않았다. 유적이 있다면 빨리 발굴해서 그 위에 무엇인가 경제적으로 이득이 되는 것을 세우고자 결의했다. 이렇듯 춘천 중도의 문제는 경제논리를 앞세운 현대 자본주의에 있었다.

경제논리를 앞세워 고고학 유적이 파괴되는 현실은 비단 중도뿐이 아니다. 4대강 사업 또한 고고학적으로서는 반드시 짚고 넘어가야 할 부분이다. 고고학 조사를 조금이라도 해본 사람이라면 대부분의 유적은 강가에 분포한다는 것을 상식적으로 안다. 시대를 불문하고 사람들이 주로 강가에서 살았음은 수많은 발굴이 증명한다. 그런데 4대강 사업은 강가를 정비하는 것이 그 기본이니, 가장 먼저 피해를 입은 것이 바로 강가의 유적이었다. 당시 상상할 수 없는 속도로 발굴을 진행했고, 그래서 정확히 어떠한 유적이 있었는지, 발굴은 제대로 되었는지, 그 정보는 미약하기만 하다.

지금은 '구제발굴'이라는 개념이 일반적이다. 하지만 대한민국이 한창 경제개발에 열을 올릴 때만 해도 이런 발굴조사는 꿈도 꿀 수 없었다. 1960년대 말에 서울에서 부산까지 경부고속도로가 건설되는 동안 문화재조사는 거의 없었다. 때문에 그 도로가 놓이면서 얼마나 많은 무덤과 문화재가 파괴되었는지 알 수 없다. 심지어 눈에 보이는 문화재도 경제논리에 밀려서 훼손당하는 경우도 있었다.

백제 초기에 만들어진 서울 송파구에 있는 풍납토성이 대표적인 예이다. 전문가들의 추산에 따르면 원래 풍납토성은 둘레 3.5킬로미터를 높이 11미터 정도로 쌓았다고 한다. 5층짜리 아파트 정도 되는 높이의 성곽이라고 생각하면 될 것이다. 워낙 대규모였고 눈에 잘 띄었기 때문에 1960년대 초반에 사적지로 지정이 되었다. 하지만 1960년대 말에 한강을 따라서 제방사업을 하면서 풍납토성의 일부를 사적지에서 해제했다. 이후 1970년대에는 성안은 물론 성벽 근처에 레미콘 공장까지 들어서게 되었다.

상식적으로 백제시대의 거대한 성벽이 지금까지 남아 있다면 그 안에는 백제시대의 다양한 유적이 있었음은 당연하다. 하지만 서울 전체에 경제개발의 광풍이 불 때였으니 당장 눈에 보이지 않은 땅속의 문화재는 간과한 채 광범위한 개발이 이루어졌다. 물론 때때로 성벽의 보수도 있었지만, 전반적인 조사는 하지 않은 미봉책이었다. 그리고 그 대가는 혹독했다. 1970년대 이후 서울 강남 지역이 본격적으로 개발되면서 백제 최초의 수도로 추정되는 풍납토성의 외형은 무차별적으로 파괴되었다. 그리고 제때에 보존 조치를 하지 못한 탓에 경제적으로도 엄청난 대가를 치르고 있다.

2014년 서울시의 통계에 따르면 약 83년에 걸쳐서 모두 매입할 경우 2조 4350억 원이 들어간다고 한다. 여기에 영문도 모른 채 풍납토성 안에서 살다가 피해를 입은 주민들 그리고 소리 소문도 없이 파괴된 유적을 생각하면 그 손실은 천문학적이다. 처음 개발을 시작했을 때에 제대로 된 조사와 미래에 대한 예측만 했었다면 충분히 줄일 수 있는 피해였다.

앞서 말했듯이 문화재 조사의 핵심은 '불가역성', 즉 한번 발굴한 것은 되돌릴 수 없다는 데에 있다. 이제 고고학적으로 보면 춘천 중도가 개발되건 개발되지 않건 큰 의미는 없다고도 볼 수 있다. 지금 와서 개발이 되지 않는다고 해도 어차피 이 유적은 급하게 발굴이 되어버린 껍데기만 남은 유적이기 때문이다.

중도 유적의 경우 3000년 전의 역사를 품고 있는 한강에서 발견된 가장 큰 마을(또는 도시)의 흔적이었다. 아마 제대로 발굴한다면 수십 년이 걸렸을 것이다. 하지만 중도 유적 발굴은 약 5년 만에 끝났다. 그리고 수많은 유적들이 존재했을지도 모르는 4대강의 강가에서 유적은 더는 찾아볼 수 없다. 4대강 사업은 마무리되었고 유적들이 있을 수도 있었던 강가는 이미 다 정비가 되었다. 우리가 흔히 보는 선사시대 유적 공원에서 복원된 집자리들은 사실 이미 발굴이 다 되고 난 후에 발굴 당시와 똑같이 만들어놓은 카피일 뿐이다.

미래의 고고학자들은 과연 우리를 성실한 고고학자로 기억할까, 아니면 발굴을 앞세우며 무자비하게 유적을 파헤친 서투른 고고학자들로 기억할까. 나로서는 더는 중도나 4대강 같은 발굴의 역사가 반복되지 않기를 바랄 뿐이다.

상처 입은 조개가 진주를 만든다는 속담이 있다. 고고학도 그러하다. 과거의 유적이 파괴되어 우리에게 그 속살을 보여 줄 때 비로소 우리는 과거인들의 모습을 알게 된다. 하지만 그 상처를 당연시하고 발굴에만 급급하게 된다면 후대에 물려줄 유물은 아무것도 남지 않게 될 것이다.

작금의 상황은 고고학자로서는 참담함을 금할 수가 없을 정도다. 고고학자들은 몇 천 년의 세월을 연구하는 사람들이다. 그것은 과거이기도 하고, 미래이기도 하다. 우리가 지금 누리는 만큼 후대 역시 누리기를 원한다면 문화재의 보존을 소홀히 해서는 안 된다. 그것이야말로 우리의 의무이자 책임이 아닐까.

12

고고학을 꽃피우게 한
제국주의

"이 3억 인의 인도인이 열등한 민족이고
우리는 우수한 인종이라고 말하는 것은
아주 흥미 있는 일이었지요."

- 레오나르드 펄, 『돼지와 진주』 중에서 ◉

고고학이 본격적으로 발달하기 시작한 것은 19세기 이후 제국주의가 세계 각국을 유린하면서부터였다. 서구 열강들은 경쟁적으로 식민지를 만들었고, 고고학자들은 새롭게 차지한 땅에 묻혀 있는 보물들을 경쟁적으로 발굴하고 때론 도굴했다. 서구 열강의 박물관이 세계 각지에서 발굴하거나 약탈한 유물들로 넘쳐나는 이유다.

세계적으로 고고학 하면 떠오르는 영화 〈인디아나 존스〉를 생각해보자. 영화 속에서 인디아나 존스는 수많은 우여곡절을 겪지만 결국 자신이 원하는 보물을 손에 넣는다. 사람들은 존스 박사의 액션에 숨죽이고 그가 얻는 전리품에 환호한다. 하지만 이렇게 생각해보자. 만약 〈인디아나 존스〉를 일본에서 리메이크한다면? 일본인 고고학자가 석굴암을 깨부수고 불국사를 폭파하며 자기가 원하는 황금 금관을 찾아간다면? 그런 영화에 박수를 치면서 볼 한국인이 단 한 명이라도 있을까?

영국의 대영박물관이나 루브르 박물관 등 세계 유수의 박물관에는 수많은 이집트 미라와 근동의 유물들이 있다. 좀 과장되게 말한다면 세계에서 제국주의를 경험한 나라와 식민지였던 나라의 박물관을 구분하는 방법이 있다. 그 나라 박물관에 이집트 미라가 있으면 제국주의 국가였고, 없다면 식민지 국가였다는 뜻이다.

....

● 이옥순이 쓴 「영국의 인도 통치와 젠더 이념」에서 재인용했다.

이렇게 다른 나라를 침략한 역사는 고고학적으로 고스란히 남아 있다.

두 차례의 세계대전 이후 1954년에 세계 각국은 전쟁으로부터 문화재를 보호하는 취지에서 헤이그 문화재보호조약을 체결했다. 전쟁으로 다른 나라를 침략해도 그 나라의 문화재를 불법으로 없애거나 약탈할 수 없다는 것이 골자였다. 이는 유럽의 열강들이 경쟁적으로 상대국의 문화재를 폭격하고 약탈했던 것에 대한 반성에서 비롯된 것이었다. 하지만 그것은 문화재 약탈의 한쪽 측면만 본 것이다. 서구 열강은 그때까지 전쟁과 침략을 통해 아시아와 아프리카의 나라들에서 약탈한 문화재에 대해 어떠한 보상이나 대책도 내놓지 않았던 것이다. 다시 말해 이미 유물을 빼앗긴 나라들은 상대국이 동의하지 않으면 그 유물을 반환 받을 수 없다는 뜻이 된다. 가능성이 낮은 이야기이기는 하지만, 만약 이집트가 영국을 침략해서 승리했더라도 영국의 문화재로 등록되어 있는 피라미드의 유물이나 미라에는 손을 댈 수 없다는 것이다.

이렇듯 전쟁의 참상을 겪으면서 대안으로 제시된 헤이그조약이지만, 실제로는 제1, 2차 세계대전에서 열강들이 약탈한 문화재를 돌려주지 않아도 되는 근거가 되었다. 즉 헤이그조약은 국제사회에서 약탈된 문화재를 반환할 수 있는 가능성을 사전에 차단해버린 셈이다. 실제로 세계대전이 끝나고 식민지 국가들은 대부분 독립했지만, 문화재의 제대로 된 반환은 거의 없었다.

파리국립도서관의 폐서 코너에서 발견된 외규장각 의궤를 돌려

받기 위하여 한국이 얼마나 많은 힘과 시간을 들였는지 생각해보자. KTX를 수주하기 위해 프랑스는 1993년에 의궤 중 1권을 상징적으로 반환했다. 이후 프랑스 측의 미온적인 태도로 의궤 반환은 지켜지지 않았다. 결국 지난 2010년 G20회의에서 한국과 프랑스는 의궤에 대해 5년 간의 대여 계약을 체결하고 그 기한이 끝날 때마다 계속 연장하는 식으로 합의했다. 실질적으로 한국이 소유를 하되, 그 소유권은 프랑스에 있다고 인정하는 것으로 마무리가 되었다. 양국이 서로 양보해서 어렵게 내놓은 결론이었지만 프랑스에서는 오히려 나쁜 선례를 남겼다고 난리였다. 심지어 프랑스의 도서관 사서들과 학예연구원 475명은 연명을 하며 그 반환을 조직적으로 반대했다. 프랑스가 내세우는 주요 논리는 제3세계 국가는 후진국이어서 문화재 관리를 제대로 하지 못한다는 것이었다. 하지만 2019년 4월에 프랑스의 자랑 노트르담 성당도 화재로 불타버렸다. 프랑스가 다른 나라보다 문화재를 더 잘 관리한다는 논리가 설득력이 없음이 여실히 드러난 것이다. 결국 속내는 외규장각의 의궤가 반환되면 그들이 수백 년 간 세계 각지에서 가져온 문화재를 다시 뺏길 수도 있다는 위기감 때문이었다.

사실 돌아보면 외규장각 의궤는 1866년에 병인양요 때에 약탈한 이후 재불학자 박병선 씨가 다시 찾아내기 전까지는 프랑스도 그 존재 자체를 거의 모르고 있었다. 한국과 프랑스, 양국의 힘겨루기를 통해 협상을 벌였음에도 불구하고 이 의궤마저도 이렇게 힘들고 어정쩡하게 반환을 받았으니 약탈된 다른 문화재들을 되찾아오는 건 사실상 거의 불가능하다고 해도 과언이 아니다.

* * *

내가 고고학 공부를 본격적으로 시작하던 1990년대 초, 서울대학교 박물관은 도서관의 5층에 있었다. 번잡한 대출대를 지나 조그만 계단을 따라 올라가면 퀴퀴한 먼지가 쌓여 있는 박물관 정리실이 있었다. 당시 나는 박물관을 오고가는 중에 틈틈이 도서관의 고서 코너에 앉아 시간 가는 줄 모르고 책의 숲에 빠져 있곤 했다. 지금은 구경도 할 수 없는 희귀본이나 고서들도 볼 수 있었다. 그런데 도저히 이해가 되지 않는 부분이 있었다. 당시 일본 사람들이 모아놓은 고고학 관련 서적이 상상을 초월할 정도로 방대했던 것이다.

보통 도서관의 장서는 관련된 연구자가 학교에 있는 경우 체계적으로 모을 수 있다. 일제강점기의 경성제국대학에는 19세기 말부터 1930년대까지의 근동과 이집트에 대한 영어는 물론이고, 독어, 불어, 그리스어 자료가 총망라되어 있었다. 자세히 살펴보니 당시에 출판된 웬만한 문헌들은 거의 빠짐없이 모여 있었다. 도대체 이 책들을 누가 보았는지 궁금해서 책 뒤편의 대출카드를 보니 대부분 공백이었다. 그도 그럴 것이 당시 경성제대에는 근동이나 이집트 문명을 전공한 사람은 전혀 없었기 때문에 이 책들을 빌려서 제대로 볼 사람도 없었다.

한편으로는 치밀하게 장서를 모은 정성에 감탄했지만, 다른 한편

| 일제강점기에 만들어진 호화판 발굴 보고서

으로는 서양 열강이 근동과 이집트를 경쟁적으로 발굴한 자료들을 일본이 왜 이렇게까지 꼼꼼히 모았을까 하는 의문이 들었다. 이 일을 계기로 일제강점기의 일본 고고학자들이 어떻게 한국의 문화재를 소사했는가에 관심을 갖고 연구하기 시작했다.

1920년대에 일제가 만들어낸 평양의 낙랑고분에 대한 보고서는 지금 보아도 호화판 그 자체였다. 당시로서는 보기 드문 고급스러운 제본에 컬러로 표현된 화려한 고분의 유물은 1990년대 한국의 어떤 보고서에 실린 것보다도 나아 보였다. 처음에는 일제가 한국의 문화재를 제대로 발굴하기 위하여 노력을 한 것이 아닌가 하는 생각이 들었다. 하지만 사실은 달랐다. 일제강점기에 한국의 고분

일제강점기 때 발간된 유적 보고서의 일부. 같은 페이지에 '근대화' 된 일본인과
'전근대화' 된 조선인 이미지 조작을 위해 의도적으로 사진을 배치했다.

들은 혹독하게 도굴 당했다. 경주의 신라고분을 제외하고 눈에 보이는 고분들은 대부분 도굴 당했다고 해도 과언이 아니다.

나의 의문이 완전히 해소된 건 2011년에 일본에서 두 달 정도 머무르며 같은 시기 일본 내부의 고고학 보고서들을 조사하고 난 후였다. 일본이 식민지 조선에서는 호화스러운 발굴보고서를 출판했으나 정작 일본 내부에서는 제대로 된 보고서는커녕 인쇄술도 형편없던 고고학 잡지들만 잔뜩 있었다. 제대로 된 정규교육을 받은 고고학자들은 극히 소수였고, 대부분 자발적으로 자신이 살던 지역을 공부하던 향토학자들이었다. 다시 말해 일제는 식민지 지배를 선전하기 위하여 엄청난 비용을 들여 본국에서도 쉽게 만들지 못하는 보고서를 출판했던 셈이다.

더욱 놀라운 건 일제강점기에 일본의 고고학자들은 전시용으로 그렇게 호화롭게 발굴을 했으면서도 이후 대부분의 무덤에 대해 제대로 보고하지 않았다는 점이었다. 지금도 국립중앙박물관에는 당시에 발굴하고 제대로 보고되지 않은 유물들이 쌓여 있다. 게다가 일본인들이 무덤을 경쟁적으로 도굴하는 것도 당시의 일본총독부는 수수방관했다. 화려한 보고서 뒤에 숨겨진 일제 치하 한국문화재의 현실은 참혹하기 그지없었던 것이다.

결국 일제는 제대로 된 문화재를 관리할 상황이 아니었음에도 호화로운 겉치장에만 열중했던 것이다. 자신들보다 먼저 제국주의를 일구어낸 서구열강을 흉내 냄으로써 자신들의 식민지 지배를 합리화하기 위해서 말이다.

당시 제국주의 국가들은 경쟁적으로 화려한 도록을 간행해서 자신들의 국력을 과시했는데, 그 출판물들은 친교의 목적으로 서로에게 기증되기도 했다. 내가 서울대학교 도서관에서 본 고고학 관련 서적들은 20세기 초반 세계를 상대로 경쟁적으로 자신의 패권을 펼쳤던 제국주의 국가들이 남긴 흔적이었다. 일본도 다른 서구 열강처럼 식민지의 문화재를 자기 맘대로 발굴하거나 도굴해서 과시하고 싶어 했기 때문에 서구 열강의 화려한 보고서들을 보고 벤치마킹을 한 것이다.

지금도 일부의 모습만 보고 일제강점기의 모습을 오해하는 서양의 문헌들이 많으니, 고고학에서 제국주의를 극복한다는 것은 쉽지 않은 과정이다.

우리에게 일본 제국주의의 문화재 침탈과 그 영향은 현재 진행형이다. 우리 주변의 유적과 문화재에는 그들이 남긴 흔적이 너무나 크게 남아 있기 때문이다. 학계에서 일본의 제국주의에 동조한 학자들을 비판하면 '그들의 연구 성과는 좋다' 혹은 '인격적으로는 훌륭하다'는 식의 일본 측 의견을 대변하는 사람들을 볼 수 있다. 사실, 우리가 비판해야 할 것은 개개인 학자의 성격이나 인격에 대한 평가가 아니다. 바로 국가 권력에 앞장서서 다른 사람을 억압할 때에 그에 암묵적인 동조를 하고 따라갔던 그 모습을 비판해야 한다.

다른 사람의 행복을 침해하여 이득을 얻으면 그 욕심에 편승한 또 다른 개인이 등장한다. 그 개인들이 모이고 모여 집단이 되고,

한 목소리를 내기 시작할 때 맹목적인 광기가 되는 것이다. 때문에 단순히 하나의 거대한 이념으로만 집단 이기주의를 판단한다면, 그 것은 언제든 다시 출현할 수 있다.

13

전쟁 속의 고고학

"모든 페이지에는 승리가 가득하다.
그 누가 승전 잔치를 준비했는가?
10년을 두고 위대한 영웅들이 탄생하고 있다.
그 대가는 누가 치렀는가?
너무나 많은 기록만큼이나
생겨나는 너무나 많은 의문들."

- 베르톨드 브레히트, 〈어느 책 읽는 노동자의 의문〉 중에서

모티머 휠러●는 말했다.

"고고학은 과학이 아니다. 그것은 전쟁이다."

전쟁과 고고학은 공통점이 있다. 둘 다 파괴를 전제로 한다는 점
이다. 전쟁이 현실 사회의 구조를 파괴하는 것이라면, 고고학은 지
층의 구조를 파괴하여 그 속에 있는 유적과 유물을 꺼낸다. 전쟁은
서로를 파괴하는 행위를 통해서 새로운 사회의 질서를 부여한다. 고
고학은 땅을 파헤쳐서 자연에 숨어 있는 유적과 유물을 꺼낸다는 점
에서 유적을 파괴한다고도 볼 수 있다. 전쟁에서 승자가 그 이후의
세상을 재편하듯이 유적을 파괴하고 그 속의 유물을 꺼내서 과거를
다시 재편하는 고고학자의 모습은 왠지 모르게 서로 닮아 있다.

20세기 이후 전쟁이 현대화되면서 발달한 각종 전술은 고고학의
발달에도 크게 이바지했다. 전쟁을 위해서는 정밀한 지도가 필요하
다. 적의 위치를 파악하고 효과적으로 공격하기 위해서는 정확한
거리 계산도 필수다. 전장의 야전생활에 쓰인 용품들은 고고학자
의 야전생활에도 그대로 적용되었다. 우스갯소리로 들리겠지만, 고

<hr />

● 전직 군인으로 영국 식민지였던 인도의 고고학과 군사법에 의거한 현장 고고학의 기
틀을 세웠던 영국의 고고학자.

고학 현장에서 최고로 치는 덕목은 삽질이다. 그리고 이런 삽질이 본격화된 건 참호전쟁이라고도 할 수 있는 제1차 세계대전 때였다. 독일과 영국-프랑스의 연합군은 서부전선에서 서로 미로 같은 참호를 파고 대치했다. 참호에서 기다리다 돌격을 하는 식의 지루한 공방전이 반복되면서 각국의 참호는 더욱 더 발전했다. 물론 시궁창 같은 참호 속에서 뒹굴며 싸워야 했던 군인들에게는 최악의 조건이었다. 아마 1930년에 나온 영화 〈서부전선 이상 없다〉를 본다면 도랑처럼 판 긴 참호에서 서로 죽고 죽이는 군인들의 참상을 충분히 이해할 것이다.

전쟁사에서 병사들에게는 유례가 없이 잔인했던 제1차 세계대전의 참호였다. 그렇지만 제1차 세계대전을 기점으로 참호를 파는 기술은 비약적으로 발전했고, 이후 퇴역한 군인들은 참호를 파던 기술을 고고학에 적용하게 되었다. 제1차 세계대전 후에 고고학의 발굴기술이 비약적으로 발달했고, 그들의 상당수는 군인 출신의 고고학자였다는 것이 그것을 반증한다.

비행기가 찾아낸 유적들

제1차 세계대전은 비행기가 활용된 최초의 국제전쟁이었다. 처음 비행기가 등장했을 때만 해도 손으로 폭탄을 떨어뜨리는 형태였지만, 다른 무기들과 마찬가지로 전쟁이 격화되면서 빠르게 비행기술이 발달했다.

공중전 시대가 개막되며 다양한 비행기술이 개발되면서 유명한 조종사들도 등장했다. 당시에 활동했던 일본 만화영화 〈붉은 돼지〉의 모티브가 된 만프레트 폰 리히트호펜(일명 붉은 남작)은 전쟁사를 좋아하는 소위 '밀덕(밀리터리 덕후)'이 아니어도 들어본 사람이 많을 것이다. 패전국 독일의 조종사임에도 그는 뛰어난 조종술로 세계적인 명성을 얻었다. 그런데 이 붉은 남작은 바로 페르디난드 리히트호펜의 조카이다. 페르디난드 리히트호펜은 유라시아를 잇는 새로운 교역의 길에 '실크로드'라는 역사적이고 낭만적인 이름을 붙인 인물이다. 그의 주장은 21세기에 들어서 더욱 힘을 받고 있다. 그리고 그의 조카는 땅에서뿐 아니라 하늘에서 유적을 찾을 수 있는 하늘의 길을 개발했다. 재미있는 우연이다.

만프레트 리히트호펜은 삼촌 말고도 친척 중에도 유명한 고고학자(볼코 폰 리히트호펜)가 있기는 했지만 본인은 고고학과 직접적인 관련이 없어 보인다. 하지만 붉은 남작도 고고학의 발달에 이바지한 부분이 있다. 바로 그의 현란한 비행술이었다. 상대 조종사의 허를 찌르는 회전과 기수변경으로 리히트호펜의 비행술은 '리히트호펜의 서커스'라고 불리었고, 곧바로 그의 비행술은 널리 퍼졌다.

급기야 제1차 세계대전 이후 서양에서는 전투비행을 하던 조종사들이 비행서커스단을 조직하는 일까지 일어났다. 그런데 이렇게 사방으로 비행을 하는 것이 유행하다보니 재미있는 현상이 나타났다. 고도를 급격히 꺾거나 급상승할 때에 조종사들의 눈에 순간적으로 땅에서 사각형이나 원형 모양의 흔적들이 보였던 것이다. 적이 만들어 놓은 비밀 구조물일 가능성이 있다고 생각해서 표시를 해두고 이후 다시 가보면 그 흔적을 전혀 찾을 수 없는 기이한 현상이 반복되었다. 비슷한 경험이 반복되는 점을 수상히 여겨 분석해보니 주로 해가 뜨거나 지는 시간에 비스듬한 각도에서 바라볼 때 나타나며, 주로 곡식이 자라는 벌판에서 보인다는 점이 밝혀졌다. 이후 전쟁이 끝나고 해당 지역을 조사해보니 조종사들이 본 것은 헛것이 아니었다. 바로 로마 시대의 저택터, 용병캠프 등이 있던 자리였다. 로마가 유럽을 정벌하면서 곳곳에 세운 건축터들이 비행사들의 폭격과 정찰 중에 발견된 것이다. 그런데 이들 흔적은 실제 땅 위를 다니면서 보면 거의 눈에 띄지 않을 정도로 희미했다.

이런 흔적이 남는 원리는 돌을 사용해서 기반을 세우는 로마 시대 건축물의 특징에 있었다. 돌이 묻혀 있는 곳은 곡식들이 뿌리를 깊게 내리기 어렵기 때문에 곡식의 발육이 좋지 않아서 주변보다 상대적으로 그 크기가 작다. 그러니 약간 비스듬한 각도로 하늘에서 내려다보면 그 곡식의 높이 차이가 두드러지게 보이게 된다. 다양한 도형들처럼 보이는 이런 형태를 흔히 '크롭마크cropmark'라고 한다.

그런데 조종사들 사이에서 그냥 이야깃거리로만 전해지던 이 크롭마크가 고고학 연구에 활용될 수 있었던 이유는 당시에 갓 발달된 항공사진기술 덕택이다. 제1차 세계대전의 전쟁국들은 상대방의 참호나 전쟁시설을 정찰하여 사진을 찍었고, 그 결과 엄청난 양의 사진이 남았다. 예컨대, 영국 공군에는 전쟁 후에 약 50만 장의 사진이 남아 있었고, 이 전쟁의 사진들에서 조종사들이 보았던 고

비행기에서 찍은 고대 유적 사진(1922년)
(출처: FLIGHTS_INTO_THE_PAST_Aerial_photography)

고학 유적지를 찾아낼 수 있었다.

제1차 세계대전 당시 참전 비행사였던 영국의 크로포드는 이 자료들 중에서 특히 영국 윈체스터 지역의 사진을 집중적으로 분석했고, 그 결과 로마가 영국으로 진출했을 때에 지은 건물지와 농사를 위한 관개수로들을 확인했다. 만약 이 사진들이 밝혀낸 거대한 규모의 유적을 고고학자들이 직접 발굴조사로 확인하려 했다면 수천 배의 비용이 들었을지 모른다.

서로를 죽이기 위한 전쟁에서 발달한 항공과 사진술이 넓은 지역을 손쉽게 연구할 수 있는 고고학 연구의 새로운 장을 여는 계기가 되었다. 사실 충격을 받은 쪽은 고고학자들이었다. 고고학이라면 당연히 삽을 들고 땅을 파야 한다고 생각했는데, 엉뚱하게도 고문서 보관소에서 사진을 분석하는 것만으로도 고고학 연구가 가능했기 때문이다. 이후 제2차 세계대전을 거치며 정찰기술과 사진기술은 더 진보했고, 덩달아 항공고고학도 발전했다. 지금은 드론과 구글 지도의 발달로 연구실에 앉아서 유적들을 분석하는 단계에까지 이르렀다.

일본 군국주의와 고고학

일본은 한국을 강제로 병합하기 이전부터 한국의 유물을 조사하며 식민지를 준비했다. 을사늑약이 체결된 1905년 이후 사실상 한반도는 일본 고고학자들의 경쟁지가 되었다. 그리고 1920년대에는 만주로, 1930년대에는 중국과 몽골로 계속 전쟁을 일으키며 진출했고 그들과 함께 일본의 어용 고고학자들도 따라다녔다.

일본이 만주와 중국으로 식민지를 넓히면서 그 지역의 고대 보물과 유물을 조사하는 제국주의 고고학자들도 같이 활동했다. 기마민족설로 유명한 일본의 학자 에가미 나부오江上波夫는 바로 이때에 활동했던 대표적인 고고학자였다. 그는 패전 이후에 다시 일본으로 돌아가서 자신들이 일본 군대와 함께 대륙 이곳저곳을 다니며 문화재를 약탈한 것을 정당화하기 위해 기마민족설을 제창했다. 일본 천황가는 아시아의 북방에서 말을 타고 다니던 기마민족이라는 주장이다. 사실, 에가미 나부오는 발굴보다는 주로 각 지역의 유물들을 사들이는 데에 더 주력했다. 당시 일본이 빠르게 전선을 확대했기 때문에 한 곳에 머물러서 차분하게 발굴을 하기 어려웠기 때문이다.

일본이 한반도와 만주의 문화재를 약탈한 이유는 단순한 유물의 수집이 아니라, 일본 민족의 기원이 북방 어딘가에 있었다는 설을 주장하기 위함이었다. 이는 근동지역을 약탈한 서구 열강이 유럽 문명의 근원인 성서를 증명하기 위해서 나선 거라고 주장하는 의도와 일맥상통한다. 이렇듯 고고학과 전쟁은 서로 관련이 없는 듯 하면서도 많은 연관성이 있다. 아이러니하게도 수천만 명이 희생된 전쟁터에서 피어난 학문이 고고학이다.

기마민족설은 역설적으로 일본이 패망한 후에 본격적으로 유행했다. 일본인들은 아시아 전체를 정복할 것이라는 정부의 허황된 선전 아래 전쟁에 내몰렸다. 그리고 전쟁에서 패망하면서 다시 섬으로 쫓겨났다. 갑자기 빈털터리가 되어 버린 일본인들을 위로해준 것은 일제의 전장을 따라다니며 발굴하고 문화재를 약탈해 조사했던 고고학자들이었다.

에가미의 기마민족설은 1948년 동경의 한 찻집에서 일본 민족의 기원에 관한 대담을 하던 중에 나온 황당한 이론이었다. 일본은 청동기시대에 해당하는 2300년 전 야요이문화 시대에 한반도 남부에서 건너간 도래인들이 쌀농사를 하면서 번성했다. 그런데 우리나라 삼국시대에 해당하는 고분시대의 전성기인 5세기경에 갑자기 북방에서 기마민족이 말을 타고 한반도를 거쳐 일본으로 건너가서 기존의 세력을 다 무찌르고 야마토 국가를 세웠다. 즉 지금의 일본인은 한국에서 넘어간 도래인들을 무찌르고 새롭게 국가를 건설한 북방 유목민족의 후예이다. 이것이 일본 기마민족설의 골자였다.

에가미는 지금은 허구라고 판명된 임나일본부설도 자신의 기마민족설에 근거해서 설명했다. 즉, 야마토는 강력한 군사력을 바탕으로 다시 한반도로 넘어와 김해 일대를 정복하고 임나일본부를 건립했다고 주장한 것이다. 에가미의 주장은 실제 고고학 자료로는 전혀 증명되지 않기 때문에 고고학계에서는 많은 비판을 받았다. 하지만 일반 대중들로부터 폭넓은 지지를 받으며 최근까지도 그 영향을 미치고 있다.

일본 기마민족설의 핵심은 일본인들이 한국, 중국이나 일본의 원주민들보다 우월하며, 북방 시베리아는 자신들이 다시 찾아야 할 고향이라는 데에 있다. 이런 생각은 자신들을 우월한 아리안족이라고 생각했던 히틀러의 나치이론과도 일맥상통한다. 그런데 제2차 세계대전 이후에 독일은 철저한 반성으로 아리안족과 관련된 어떠한 논의도 금기시했다. 하지만 일본은 달랐다. 자신들의 잘못을 반성하는 것이 아니라, 고향을 되찾는 데 실패했다는 식으로 군국주의를 미화했다.

일본의 군국주의에 부응한 에가미와 같은 학자들을 소위 관학아카데미라고 한다. 이들은 일본 정부의 제국주의 시책에 적극적으로 부응하면서 학계에서 기득권을 형성했다. 앞서 언급한 일제의 화려했던 보고서도 관학아카데미의 활동 결과이다. 지금도 그들이 일본 사회에 미치는 영향력은 절대적이다.

한편, 제국주의에 영합해 대중을 선동한 고고학자와 달리 전쟁 이후 참담한 사회 현실 속에서 고고학 본연의 길을 걸어 그 학문적 성취를 이룬 고고학자도 있다. 미야자키 하야오 감독이 1988년에 제작한 〈이웃집 토토로〉는 바로 제2차 세계대전 후에 엄마의 병간호를 위해 시골로 이사한 고고학자 가족들의 이야기이다. 주인공 두 자매가 숲속의 요정 토토로와 만나는 이야기를 믿고 동조해주는 유일한 사람인 아버지의 직업은 대학에서 시간강사를 하는 고고학자이다. 그런데 이 주인공 아버지는 실제 인물을 바탕으로 한다. 감독의 연출 노트에 따르면 아버지는 "젊은 고고학자로 대학에서 시간강사를 하면서 번역 작업으로 어렵게 생활한다. 지금은 혁명적인 새로운 학설을 담은 논문을 집필하기 위하여 강의할 때 이외에는 서재에 틀어 박혀 있다"고 되어 있다.

감독이 모델로 삼은 실제 인물은 후지모리 에이지다. 미야자키 하야오는 어렸을 때부터 아버지를 통해서 후지모리를 알았고, 평소에도 자기가 가장 존경하는 인물로 꼽았다고 한다. 옆에서 지켜본 후지모리가 전쟁의 고통을 이겨내며 고고학을 연구하는 모습에서 힌트를 얻어서 이러한 설정을 만들어냈다고 한다. 그렇다면 후지모리가 생각하던 혁명적인 설은 무엇일까.

당시까지 일본에서는 한국의 청동기시대에 해당하는 2300년 전 야요이시대가 되어서야 쌀농사를 짓는 농경이 등장했다고 생각했다. 그런데 후지모리는 그보다 훨씬 이른 3500년 전인 죠몽시대의 중기에 이미 농사가 존재했다고 주장했다. 기존 학계의 권위에 얽매이지 않고 자신의 독창적인 설을 주장한 후지모리인지라 실제 삶도 그리 쉽지 않았다. 그는 자신의 독창적인 가설 때문에 대학에 자리를 얻지 못하고 평생을 재야에서 연구를 할 수밖에 없었다.

후지모리는 1930년대부터 또 다른 일본 고고학계의 민간영웅인 모리모토 로쿠지와 함께 '도쿄고고학회'를 창시했다. 하지만 동료였던 모리모토는 어렵사리 떠난 파리 유학 중에 큰 병을 얻어서 요절했고, 후지모리는 홀로 고군분투했다. 고생 끝에 그는 1941년에 직접 출판사를 차리고 독자적인 고고학 잡지를 간행하는 등 활약했다. 하지만 곧바로 불어닥친 전쟁의 소용돌이에서 그의 노력은 수포로 돌아갔다. 태평양 전쟁으로 전쟁터에 끌려간 후지모리는 다행히 살아남아 일본의 패망을 보르네오섬에서 맞이했다. 하지만 그 와중에 건강을 크게 해쳤고, 시간강사와 헌책방을 전전하다가 1973년에 세상을 떴다.

하지만 일본의 많은 고고학자들은 그를 잊지 않았다. 재야에서 꾸준히 활동하던 그의 모습에 일본인들은 열광했고, 그래서 지금은 가장 인기 있는 고고학자로 꼽힌다. 지금도 재야의 고고학자들을 위해 '후지모리 에이지상'이 제정되어 매년 수여되고 있다.

전쟁 이후의 참혹한 상황을 에둘러 표현한 영화인 〈이웃집 토토로〉에 그를 등장시킨 것은 인간이 만들어 놓은 문명과 전쟁이라는 탐욕 대신에 자연과 조화를 이루며 사는 삶을 그리고자 하는 감독의 의도였던 것 같다. 〈이웃집 토토로〉에서 숲속에 텃밭을 만들고 어린 자매가 토토로와 도토리를 주고받는 장면이 등장하는데, 이는 바로 후지모리가 그린 죠몽시대 농사의 모습과도 유사하다. 후지모리는 죠몽시대에는 쌀 대신에 도토리를 채집하고 수수 같은 잡곡을 텃밭에서 경작했다고 보았기 때문이다.

후지모리의 가설은 2000년대에 들어서 학계의 폭넓은 지지를 받고 있다. 꽃가루 분석을 비롯한 여러 방법이 계속 개발되면서 죠몽시대에 원시적이나마 농사를 지었다는 증거가 속속 발견되고 있다. 후지모리의 가설은 당시 부족한 자료임에도 불구하고 유물에 대한 통찰력과 유적의 위치 그리고 자연과 함께하는 삶의 방식을 종합적으로 검토해서 나온 것이기에 더욱 돋보인다.

에가미 나부오와 후지모리 에이지는 전쟁을 겪으며 살았던 동시대의 고고학자였다. 하지만 그들의 삶은 너무나도 달랐다. 한 명은 전쟁에 적극적으로 부역했고, 또 한 명은 전쟁으로 인해 그의 학문이 빛을 발하지 못했던 불운한 고고학자였다. 각종 영화나 매체에서 주로 비추어지는 모습은 에가미와 같이 전쟁과 함께 사방을 다니면서 다른 나라의 유물을 찾는 모습이다. 하지만 실제 고고학의 가치를 실현하고 발전시킨 사람들은 후지모리와 같이 자신이 살던 자연 속에서 사소해 보이는 유물을 통해 진정한 과거의 모습을 찾으려 했던 숨어 있는 고고학자들이었다.

전쟁의 한복판에서도 꽃피웠던 고고학

미국 버지니아 출신 하워드 맥코드 대령은 직업군인이 된 이후 은퇴할 때까지 프랑스, 독일, 일본, 한국 등에서 전쟁에 참여하면서도 그 지역의 유적을 조사하던 열성적인 고고학자였다. 한국전쟁 참전 당시 그의 부대는 경기도 가평의 북한강 지류에 위치한 마장리와 이곡리 근처에 캠프를 설치했고, 개인참호를 파다가 땅 속에서 고대 집자리의 흔적과 유물들을 발견했다. 당시 맥코드는 참호벽에 무문토기가 박혀 있는 것을 보고, 그곳에 적어도 5개 이상의 집자리가 있다는 것을 알아냈다. 예상 외로 대규모의 취락지임을 알아차린 그는 조사를 시작했다. 아쉽게도 전체 유적을 발굴할 수 있는 상황이 아니었지만, 참호로 파놓은 구덩이들을 샅샅이 조사하고 유물들을 수거했다. 또한 지층을 파악해서 이 지역의 마을이 두 시대에 걸쳐서 존재했다는 것도 밝혔다.

한 지역에서 층위를 통해 두 시대의 유물을 밝혀낸 맥코드의 발굴은 당시로서는 드문 것이었다. 왜냐하면 일제강점기 동안 일본 고고학자들조차도 제대로 된 고대의 주거지를 발굴하지 못했기 때문이다. 옛날 집자리는 땅을 파고 만들었기 때문에 그 구덩이의 흔적을 발굴하는 것이 매우 중요하다. 또한 몇백 년 뒤에 다른 사람들이 같은 집터에 다시 집을 짓는 경우도 있다. 이를 주거지 중첩현상이라고 한다. 주거지 중첩현상은 각 집자리들 중에서 무엇이 더 오래되었는지 밝힐 수 있는 중요한 증거이지만, 숙련된 경험자가 아니면 밝히기 어렵다. 실제 우리가 역사시간에 공부하는 한국의 청동기시대도 바로 이 주거지 중첩을 통해 밝혀진 것이다.

일제강점기 때 선사시대와 역사시대의 주거지는 제대로 발굴된 적이 거의 없었기 때문에, '금석병용기(청동기와 신석기시대가 함께 나왔음을 의미)'라는 용어가 쓰이는 계기가 되었다. 그리고 남한 역시 제대로 된 주거지 발굴기술이 없었다. 그러니 1970년대까지도 금석병용기의 망령이 남아 있을 수밖에 없었다. 아마 지금 역사를 공부하는 사람들에게 '금석병용기'라는 말은 생소하게 느껴질 것이다. 이 말은 원래 유럽에서 사용되었는데, 신석기시대에서 청동기시대로 넘어가는 과도기를 일컫는 말이었다. 하지만 일제는 이 용어를 한국인들의 미개함을 증명하는 도구로 사용했다. 즉, 금석병용기를 '청동기를 수입해도 여전히 미개한 상태에서 석기를 쓰는 시대'라는 의미로 사용했다. 한반도의 사람들은 미개하고 그 문화적 역량이 정체되어 있기 때문에 중국에서 청동기가 도입되었음에도 불구하고 여전히 석기시대로 살았다는 뜻이다.

일본의 이 식민 패러다임을 깨는 가장 확실한 방법은 신석기시대와 청동기시대가 층을 달리해서 존재했음을 밝히면 된다. 하지만 층을 구분해서 발굴하는 방법이 한국에 널리 도입된 것은 1970년대 이후였다. 반면에 북한의 사정은 달랐다. 도유호●가 이끄는 북한의 발굴단은 1953~1954년도에 회령 오동의 수혈주거지를 발굴하고, 그 주거지들에 중첩이 있음도 함께 발견했다. 또한 1957년에는 황해도 지탑리 유적에서 빗살무늬토기층과 청동기시대 문화층을 분리시켜서 그 지긋지긋하던 금석병용기설을 폐기하고 청동기시대의 존재를 주장하게 되었다. 우리는 국사시간 첫머리에 '빗살무늬토기＝신석기시대', '민무늬토기＝청동기시대'라는 것을 너무나 당연하게 배운다. 그런데 이것을 발굴로 증명한 것이 바로 도유호가 발굴한 지탑리 유적이었다.

한국전쟁이 끝난 지 4년밖에 안 되는 시점에서 북한 고고학은 일제의 식민사관을 청산하면서 그 기세를 높였고, 1960년대에는 고조선 연구에 착수했다. 그 결과 중고등학교에서 상식처럼 배우는 '고조선은 비파형동검을 사용하며 돌널무덤을 만들었다'는 사실도 밝혀냈다. 이렇듯 층위적인 발굴과 중첩의 확인은 고고학의 교과서를 다시 쓰는 계기가 될 정도로 중요하다. 그런데 맥코드는 북한의 지탑리 발굴 이전에 주거지의 중첩을 발견했다. 그것도 한국전쟁의

● 1935년에 오스트리아 비엔나에서 한국 최초로 고고학으로 박사학위를 받은 1세대 고고학자. 1946년에 월북하여 북한 고고학의 기초를 수립했다.

포화 속에서 말이다.

맥코드는 토기 안에서 0.5리터 분량의 탄화된 식물의 씨앗을 발견해 전문가에 의뢰했고, 그것이 야생사과의 일종인 털야광나무의 열매라는 점을 밝혀냈다. 실제로 러시아 연해주나 만주 일대를 답사할 때면 체리 크기의 붉은 열매가 주렁주렁 달린 이 만주 야생사과를 흔히 볼 수 있다. 지금도 시베리아 원주민들은 야생에서 자라는 과일을 모아서 차로 달이거나 말려서 겨우내 부족한 비타민을 섭취한다. 2000년 전 가평리의 사람들도 추운 겨울에 이 열매를 먹었을 가능성이 크다.

이는 우리나라 고대 과일에 대한 최초의 분석이었다. 또한 가평리●● 유적에서 목탄을 채취해 방사성탄소연대를 측정했다. 방사성탄소연대 측정법●●●은 제2차 세계대전 때에 핵을 개발하는 '맨해튼 프로젝트'에 참여했던 리비 박사가 개발한 것이다. 맥코드는 이 통나무를 미시간 대학의 방사성탄소연대 실험실로 보냈다. 1958년에 공개된 이 기둥의 연대는 '1700±250'이라는 결과가 나왔다. 다시 말하면 지금부터 2000~1500년 전에 이 유적이 만들어졌다는 뜻이다. 이 연대는 한국의 삼국시대가 시작될 당시의 유적이라는 최초의 과학적인 측정으로 널리 이용되었다.

지금이야 비슷한 유적들이 한강 유역 곳곳에서 발견되지만, 가평

●● 가평리 유적으로 알려졌지만, 실제 행정구역은 이곡리임이 나중에 밝혀졌다.
●●● 방사성탄소(C^{14})의 농도를 측정해 유물의 연대를 산출하는 방법. 5만 년 이내의 유적과 유물에서 가장 널리 쓰이는 방법이다.

리 유적은 해방 이후 약 40여 년간 한강 유역을 대표한 유적이었다. 맥코드는 이후 자신이 발굴한 유물 중에서 토기, 철기, 제철 흔적 등 중요한 것을 세심하게 포장해서 미국으로 가져갔다. 이를 1954년에 워싱턴의 스미소니언박물관에 자세히 기록한 노트와 함께 기증했고, 1958년에 이 유적의 보고서를 학술잡지에 실었다. 발굴, 분석, 유물 정리 그리고 보고서라는 고고학의 원칙을 성실히 지킨 마무리였다. 이후 맥코드는 버지니아 주에서 꽤 저명한 고고학자로 활동하다가 2008년에 사망했다.

맥코드의 조사에 한국인이 같이 참여했다면 한국 고고학의 발전에도 도움이 되었을 것이다. 하지만 급박한 전쟁 상황에서 맥코드 혼자만의 간단히 조사로 마무리될 수밖에 없었다. 그래도 한국전쟁이라는 파괴의 현장에서 유적과 유물들이 우리에게 남겨진 건 다행이 아닐 수 없다. 그러고 보니 전곡리 구석기 유적을 처음 발견한 사람도 그렉 보웬이라는 미군 병사였다. 전쟁이라는 파괴의 장에서 역설적으로 고고학이 발달하는 건 한국도 예외는 아니었다.

전쟁과 고고학

최근 온라인상에서는 전쟁의 무기와 전쟁 역사에 대해 전문가급인 전문지식을 자랑하는 '밀리터리 애호가'를 볼 수 있다. 제2차 세계대전이 끝난 지 70여 년이 훨씬 지났지만 최근 고고학계에서는 전쟁터 고고학Battlefield archaeology이 그 규모를 키우고 있다.

이 전쟁터 고고학은 예전에 유명한 전쟁이 일어난 지역에서 금속탐지기로 탄피나 무기의 잔해를 찾고, 또 당시 참호들을 재조사한다. 전쟁터에 남겨진 사병의 제복이나 총 등을 발굴해서 전사에 기록되지 않은 세부적인 전쟁의 양상을 분석한다. 사실, 전쟁의 기록이 잘 남아 있는 것 같지만 의외로 많은 부분이 허술하다. 전쟁 기록과 전쟁터의 실제 상황에 차이가 큰 경우도 많다. 또 전쟁이라는 건 아군에 유리하게 전황과 사상자들을 기록하기 마련이다. 그러니 아무리 기록이 남아 있다고 하더라도 실제 전장을 발굴조사하는 것은 중요하다. 예컨대, 전쟁 중에도 한국전쟁에서 치열한 전투로 유명한 백마고지의 전투˙, 링컨 대통령의 감동 어린 연설로도 유명한 남북전쟁 게티스버그전투, 유례없는 추위로 미해병대 역사상 가장 큰 피해를 입은 개마고원 장진호 후퇴 등 역사적으로 기억해야 할 전쟁이 있다. 그 현장의 유물을 조사하고 기억한다면 이들 전쟁의 참상을 생생하게 기록하고 보존할 수 있다.

서양에서 이러한 전쟁터 고고학은 대중적인 호응과 함께 성장하고 있다. 몇 년 전에 동아시아 고고학 대회에 참석했다가 전쟁터 고고학 분과에 우연히 참석했다. 6·25 전쟁에 사용되었던 보병용의 장총 M1 개런드나 원래 기병용으로 개발되었으나 짧아서 한국인의 체형에 맞아 한국인이 선호했던 M1 칼빈이 서양에서는 흐릿한 흑백 사진이나 박물관 유물로 취급되고 있었다. 개런드와 칼빈이 실제 어

˙ 2011년에 나온 영화 〈고지전〉의 실제 모델이 된 전투.

떻게 사용되었는지가 전쟁터 고고학 분과에서 주요한 주제이기까지 할 정도였다. 하지만 이들 총은 1980년대까지만 해도 한국고등학교의 교련수업에서 사용되었다. 내가 한국군의 무기고에는 한 번도 사용하지 않은 이 총들이 많이 남아 있다는 말을 하니 참석자들은 순간 놀라며 부러워하는 기색을 보였다. 한국전쟁의 여파로 그 무기들이 남아 있고 전쟁의 교육을 받았다는 것이 어디 부러움을 받을 일인가. 그래서 한국에서는 M1 소총은 고고학적 자료가 아니라 여전히 진행 중인 전쟁의 부산물이라고 설명하자 모두 침묵에 빠졌다.

한국에서 전쟁터 고고학이 발달하기에는 때가 이르다. 한국전쟁은 아직 끝나지 않았기 때문이다. 전쟁터 고고학이 발달한다면 아마 그 이후가 될 것이다. 어쩌면 한국전쟁이 완전히 역사 속으로 사라지고 수많은 전장을 고고학으로 발굴할 수 있는 때가 빨리 오기를 바라야 할지 모르겠다. 한국전쟁에 대한 고고학은 후대를 위한 객관적인 자료가 될 것이기 때문이다.

너무나 많은 전쟁의 과정이 자신들의 논리에 맞게 일방적으로 서술되었다. 고고학을 동원해서 그 과정들을 객관적으로 남겨놓는 것이 필요하다. 수백만 명이 쓰러져간 그 과정을 어떻게든 기록해서 전하는 것은 우리 고고학자들의 임무이기 때문이다.

전쟁터 고고학은 비단 최근의 전쟁에만 한정되지는 않는다. 우리나라에서 삼국시대의 급박한 전황을 보여주는 듯한 유적들이 이곳저곳에서 확인되고 있다. 서울 광진구 아차산의 고구려 유적에서는 농사를 짓는 와중에 적의 습격을 받았는지 농기구들이 한쪽에 고스

| 고구려 시대의 갑옷이 출토된 무등리 유적

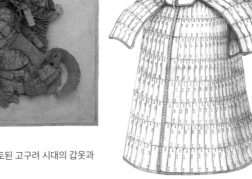

무등리 유적에서 출토된 고구려 시대의 갑옷과
그 복원도

란히 모아진 채로 발견되기도 했다. 농기구가 나온 이유는 당시 보급이 안 좋아서 군인들이 직접 주변에서 밭을 경작했기 때문이다. 또 경기도 연천 무등리 보루에서는 갑옷 하나가 통째로 출입구 근처에서 발견되었다. 무사들만 쓸 수 있었던 귀한 철갑옷을 이렇게 두고 갈리는 없으니, 아마 적의 습격과 같은 급한 상황에서 고구려 군사가 벗어둔 채로 퇴각하거나 갑옷을 입지 못한 채 희생당한 흔적일 것이다. 6세기에 한강을 두고 삼국은 치열하게 공방전을 했으니 한강 일대의 여러 유적에서 이런 전선의 흔적은 앞으로도 많이 나올 것이다.

삼국시대의 산성을 발굴해 치열한 전쟁의 당시 흔적을 찾아볼 수 있는 예는 백제에서도 있었다. 바로 2011년에 공산성에서 출토된 옻칠을 한 갑옷이다. 무등리 보루의 경우처럼 전쟁의 와중에 벗어놓은 갑옷이 고스란히 발견되었을 가능성이 크다. 실제로 이 갑옷에 쓰인 명문들은 당시 중국의 연호와 인명이 기록되어 있고 중국에서 물건을 만들 때 제작 이력을 기록했던 풍습을 고스란히 따르고 있다. 그리고 공산성에서 가장 마지막에 벌어진 전쟁은 백제와 당군에 의해 벌어진 전투였다. 그러니 갑옷은 사실 당나라의 것일 가능성이 더 크다. 그런데 실제 이 갑옷이 발견된 후 전설로만 전해지던 백제의 갑옷인 명광개◦가 나왔다는 보도가 이어졌다.

명광개는 백제가 당나라에게 선물로 줬다는 기록이 있을 뿐이지 정확히 어떤 형태인지 실물은 알려진 것이 없다. 게다가 이 갑옷이 출토된 곳은 당나라가 아니라 백제의 공산성이다. 백제가 당나라에 준 선물이 다시 백제로 돌아와 공산성에서 출토된다는 것은 상식적으로도 말이 안 된다.

이 갑옷의 주인이 누구인지는 사실 유물에서 그 단서를 찾을 수 있다. 이 갑옷에는 당시 당나라 황제의 연호인 '정관 19년'이라는 글자가 남아 있다. 이 연대를 지금의 연대로 바꾸면 645년으로 당나라가 백제를 공격하기 직전 고구려를 공격하던 시점이었다. 그러니 이 갑옷은 당나라가 고구려와의 전쟁 이후 백제를 공격했을 때 당나라 장수가 남긴 것으로 보는 게 지극히 합리적이다. 그런데도 발굴 당시 고고학자들은 다소 무리하게 백제의 장수가 남긴 것이라는 의견을 제시했다. 속사정은 잘 모르겠지만 백제의 수도에서 다른

◦ 밝은 빛을 띠는 당나라의 갑옷이라는 뜻이다. 가슴을 보호하기 위하여 거울처럼 둥근 보호구를 가슴에 붙인 갑옷이다.

| '명광개'라 불리는 칠갑옷(문화재청)

나라의 유물이 나올 수 있다는 것을 간과한 것은 아닌지 모르겠다.

　제2차 세계대전과 한국전쟁과 같은 전쟁은 동시대의 기억에서 역사로 바뀌고 있다. 사건을 직접 목격했고 그에 대해 증언할 수 있는 사람들은 역사의 뒤안길로 사라지고 있다. 이러한 기억의 망각은 21세기 현대 사회에도 큰 영향을 주고 있다. 일본에서는 자신들의 침략뿐만 아니라 패전의 역사마저 부정하고 있다. 유럽 전역에서는 다시 나치가 고개를 들고 있다. 홀로코스트를 부정하는 일부 인사들도 있고, 심지어 러시아에서는 히틀러를 추종하는 '신나치주의'가 발흥하고 있다. 상식적으로 알고 있는 역사가 다양한 가짜 정보에 뒤섞여 혼란스러운 시대가 되고 있다. 직접 전쟁터를 발굴하여 실물자료로 21세기의 사람들을 계속 일깨우는 작업이 필요할 것이다. 고고학이 막연하게 과거의 이야기를 하는 것이 아니라 바로 현대와 직접 이어질 수 있는 이유가 바로 여기에 있다.

　우리 주변에 사라지는 것들은 너무나 많다. 이 시대는 너무도 많은 것들이 순식간에 생겨나고 순식간에 사라진다. 때문에 우리는 소비할 뿐, 남기거나 간직하지 않는다. 말 그대로 '상실의 시대'에 살고 있는 게 아닌가.

　이어져야 하는 건 이어져야 할 이유가 있는 법이다. 하지만 날이 갈수록 그 의미는 퇴색되고 있는 것만 같다. 모든 것이 새로워야 한다는 요즘 시대의 트렌드를 접할 때면 괜히 씁쓸해지는 건 그래서일 것이다. 새로운 것이 나오면 전쟁 같이 소비하는 요즘이라 그런지 사라지는 것에 대한 애정 또한 절실해진다.

14

문명은 짧고
인생은 길다

"문명이란 어둠과 혼돈의 깊은 바다 위에 떠 있는
얇은 얼음장과 같다."

- 워너 헤어초크*

문명의 멸망이라는 것을 안타깝게 바라볼 수도 있지만, 사실은 자신들이 만들어놓은 문명과 과감히 결별했기 때문에 사람들은 살아남을 수도 있었다. 인류 역사의 원동력은 과거 익숙해진 것과의 결별에 있었다. 지리나 환경의 변화를 거부하고 지나치게 이전의 사회나 문화에 집착을 했다면 현생인류는 완전히 멸종되었을지도 모른다.

고고학자들은 폐허를 공부한다. 이집트의 피라미드나 유라시아의 거대한 고분 또는 그리스의 파르테논 신전처럼, 보는 것만으로도 경탄하게 하는 이 유적들은 하지만 사실 멸망의 흔적이다. 도대체 이런 유적들을 어떻게, 그것도 수천 년 전에 만들 수 있었을까? 고고학자들은 또 다른 질문을 던진다. 이런 엄청난 기술을 가졌던 그들은 왜 멸망했는가?

미스터리였던 인더스 문명

문명의 멸망 원인이 적의 침략인가 아니면 기후 환경의 변화에 제대로 대처하지 못한 것인가는 고고학의 영원한 화두이기도 하다.

인더스 문명은 이집트, 메소포타미아, 중국과 함께 대표적인 고

● 독일의 영화감독.

대 문명으로 꼽히지만 가장 연구가 덜 이루어진 편에 속한다. 기원전 3500년경 인더스강 유역에서 발달한 대표적인 유적으로는 현재 파키스탄에 위치하며 세계문화유산으로 등재되어 유명한 하라파와 모헨조다로가 있다. 일찍이 이 지역은 영국의 고고학자들에 의해 20세기 초반부터 널리 알려졌다. 인더스 문명이 전성기에 달한 중기 하라파 시기인 기원전 2500년경에는 약 1000개 이상의 도시가 인더스강을 따라서 형성되었다. 이 강의 지류를 통해서 멀리 메소포타미아와도 교역을 했다. 그리고 강물을 끌어들이는 관개를 해서 농사도 발달했다. 성 안의 주거지에는 상하수도가 발달하여 목욕탕과 화장실이 있을 정도로 고도의 문명을 만들었다. 인더스 문명의 주변에는 삼림이 풍부하게 발달해 있었고, 강수자원도 풍부했다. 금속과 귀금속의 매장량도 풍부했으며 바닷가에 인접한 덕에 해산물이나 소금 같은 자원을 얻는 일도 어렵지 않았다. 교역은 자연스럽게 발달되었다.

그런데 인더스 문명은 기원전 1500년경에 갑자기 사라졌다. 도시는 발달했지만, 궁선이나 무덤 같은 유적은 없었다. 발견된 무덤들은 대부분 너무 소박해서 계급의 차이를 알아내는 것도 힘들었다. 더욱 놀라운 점은 이 유적지에는 사원이나 군대의 흔적도 없었다는 점이다.

과거 고고학자들은 인더스 문명의 소멸을 그때 당시 유라시아 초원에서 전차를 타던 아리안족들의 침입과 연결지었다. 대표적으로 유라시아 초원에서 강력한 전차를 타고 세계 각지로 진출한 아리안족의 일파가 인더스 문명을 침략했고, 이로 인해 인더스 문명이 멸망했다는 이론이 있다. 실제로 인더스 문명 이후 아리안족들은 리그베다와 산스크리트어로 대표되는 인도의 고대 문화를 주도했다. 가능성이 없는 이야기는 아니었다. 그런데 문제는 아리안족의 침입과 인더스 성터의 멸망이 시간적으로 맞지 않는다는 데에 있다. 그리고 상식적으로 인더스 문명을 멸망시킬 정도였다면 아리안족에게는 인더스 문명 못지않은 고도로 발달한 문명의 흔적이 있어야 했는데, 그런 것이 전혀 없었던 것이다.

최근에는 다른 이론들이 제기되고 있다. 인더스 문명은 기원전 2500년경부터 서서히 멸망했다는 이론이다. 인더스 문명은 물길을 따라서 교역을 하고 농사를 짓던 사람들이다. 때문에 엄청난 토사를 매년 토해내는 인더스강에 기후 변화가 닥쳐서 갑자기 물길이 바뀌면 그들이 쌓아놓은 거대한 문명은 순식간에 무용지물이 될 수밖에 없다. 물길이 바뀌어서 교역을 하던 배가 들어올 수 없고, 농사를 지을 수 없다면 사람들은 재빠르게 각자도생을 구하면서 사라질 수밖에 없는 것이다. 이런 주장을 뒷받침하는 고고학 자료들도 속속 나오고 있다. 인더스 문명에서는 서로 전쟁을 했던 흔적이 없고 강력한 왕도 없었다. 그들의 집이나 무덤의 크기도 일정해서 사람들 사이에 계급의 차이는 크지 않았다. 그러니 강력한 왕의 지시나 전쟁으로 이 도시의 사람들이 사라지는 일은 없었을 것이다.

전쟁이 원인일 가능성이 적어지자 학자들은 인더스 문명의 멸망

을 기후와 환경의 변화에서 찾았다. 모헨조다로 유적을 발굴한 결과 적어도 세 번의 거대한 홍수로 도시를 폐기했다가 수리해서 다시 살았던 흔적이 있다. 또한 기후의 급변으로 가뭄이 극심했던 때가 있었다는 증거도 나왔다. 이러한 과정이 반복되는 과정에서 주변 농지는 황폐화되고 전염병이 도는 등 삶의 질은 급격히 나빠졌을 것이다.

이것을 현대로 비유해보자. 어떤 도시를 빠른 시간 내에 폐허로 만들어야 한다면? 전쟁을 일으켜 그 안의 사람들이 도망가게 할 수도 있고, 다양한 혜택을 제공하면서 다른 곳으로의 이주를 유도할 수도 있다. 하지만 제일 빠르고 확실한 방법은 도시로 들어가는 수

| 인더스 문명의 대표적 유적인 모헨조다로(출처: 위키피디아)

도나 전기, 인터넷을 끊는 것이다.

문명의 멸망은 또 다른 시작이다

만주에서 고도로 발달했던 홍산문화도 인더스 문명과 비슷하다. 인더스 문명과 비슷한 기원전 4000~3500년에 홍산문화는 번성하기 시작했다. 하지만 두 문명의 차이는 크다. 인더스 문명은 물길을 통한 원거리 교역을 기반으로 상수도가 완비된 성과 도시들이 발달했다. 반면에 홍산문화의 주민들은 움집으로 마을을 이루며 살았는데, 마을의 규모는 작았고 성벽을 쌓지도 않았다. 대신에 제사가 고도로 발달해 거대한 무덤과 제단을 쌓은 것이 특징이다.

니우허량*에서는 피라미드형 돌무덤과 직경 수백 미터에 이르는 제단과 무덤 그리고 가부좌를 틀고 있는 진흙으로 빚은 여신상을 모신 여신묘 신전 등 대형 제사유적지 16곳이 반경 10킬로미터 이내에 모여 있는 것이 발견되었다. 그런데 정작 이상한 건 유적의 100킬로미터 이내에서 사람들이 살 만한 성터나 마을이 아직까지도 발견되지 않았다는 것이다. 다시 말해, 니우허량 일대는 제사만을 지내는 성스러운 지역이었던 것이다. 제사신전이 거의 없는 인더스 문명과는 정반대의 모습이었다.

그런데 멸망의 과정만은 인더스 문명과 흡사하다. 홍산문화는 기원전 2700년 이후에 갑자기 사라졌고, 거대한 니우허량의 제사터는 그냥 버려졌다. 니우허량의 제사터들은 지금도 그 형태가 잘 남아 있는데, 홍산문화 이후 다른 사람들이 제사를 지냈던 흔적은 전혀 없다. 홍산문화를 만들었던 사람들은 이 제사터를 완전히 버리고 어디론가 사라졌다.

* * *

홍산문화와 인더스 문명의 경우처럼 꼭 전쟁이 아니어도 기후환경의 급격한 변화는 개별 문명을 일시에 소멸시키는 역할을 한다. 문제는 이후 생존을 하지 못하는 경우도 있다는 것이다. 이는

● 현재 중국 랴오닝성 서부에 위치한 링위안시의 북쪽에 있는 대규모의 홍산문화 유적지.

자신들의 환경에 지나치게 의존했다가 바뀐 환경에 대응하지 못한 경우다. 인류의 기원에서 빠지지 않고 등장하는 네안데르탈인의 운명이 그러하다. 현생인류의 등장과 함께 멸종한 네안데르탈인의 운명에 대해서도 수십 가지의 가설이 있지만, 많은 학자들은 지나치게 추운 환경에 적응했던 네안데르탈인의 특성을 그 주요 원인으로 꼽는다. 즉, 네안데르탈인은 지나치게 추운 환경에 적응하도록 진화했기 때문에 정작 기후가 온난해지자 그 특성이 단점이 되어 현생인류에 밀려서 역사에서 사라졌다는 것이다.

현대인은 거의 절대적이다 싶을 정도로 전자기기와 인터넷에 의존하고 있다. 만약 갑자기 인터넷과 같은 매체가 사라져버리면 인간이 쌓아 놓은 문명은 순식간에 붕괴될지도 모른다.

인간의 문명이 가진 유한성은 뉴욕에서 활동했던 비디오 전위예술가 백남준의 작품에서도 잘 나타난다. 1988년 서울올림픽을 기념해서 1003대의 텔레비전 브라운관을 이용해 만든 〈다다익선〉은 과천현대미술관을 대표했던 작품이다. 미술관에 들어서자마자 관객을 압도하는 18미터 높이의 웅장함은 물론이고, 각각의 브라운관에서 나오는 다양한 영상은 그 자체로 현대 사회를 상징했다. 하지만 그의 작품은 30년을 버티지 못했다. 모든 전자제품에도 수명이라는 것이 있기 때문이다. 설치 이후 브라운관의 연한이 다하면서 고장이 빈번해졌고, 브라운관을 공급할 기술마저 찾기 어렵게 되었다. 여기에 전력 소비에 따른 합선 위험이 커지면서 결국 2018년, 〈다다익선〉의 스위치는 꺼졌다. 백남준 본인도 자신의 작품이 가지고 있는 한계를 명확히 알고 있었다. 그는 생전에 "인생은 길고 예술은 짧다"는 말로 자신의 생각을 대변했다.

다시 홍산문화로 돌아가보자. 홍산문화의 다음에는 거대한 제단이 사라지고 작은 마을과 무덤만 나오는 샤오허옌문화[*](기원전 2700~2200년)가 이어졌다. 샤오허옌문화의 사람들은 농사를 짓지 않았고, 수렵과 채집을 주로 하며 살았다. 당시 기후가 극도로 추워졌기 때문이다. 그 결과 인구는 급격히 줄었고, 마을도 작아졌다. 이렇게 바뀐 환경에서 사람들은 거대한 제단을 공동으로 건설하기 힘들었을 것이다. 대신에 직경이 3미터밖에 안 되는 조그만 움집 안에 다양한 부적, 신상들을 모셨다.

그런데 흥미롭게도 샤오허옌문화의 제사 관련 유물과 토기는 홍산문화의 전통을 고스란히 잇고 있었다. 홍산문화에서 제사를 지내던 사람들이 사방으로 흩어져 작은 마을 단위로 그 전통을 지켜나간 것으로 생각할 수 있다. 얼핏 보면 샤오허옌문화는 기후와 환경의 변화로 인해 홍산문화가 쇠퇴한 결과로만 생각할 수 있다. 하지만 그 이후에 전개되는 과정을 보면 샤오허옌문화는 단순한 쇠퇴가 아니라 홍산문화의 전통을 이어가며 문화를 발전시키는 중요한 과도기였다.

샤오허옌문화는 중앙집중화 된 제사 시설을 만들지 않았다. 대신에 작은 마을로 쪼개져서 각 마을은 자신들만의 공동체를 형성

---

[*] 홍산문화의 뒤를 이은 신석기시대 문화.

사오허옌문화의 곰 모양 예술품

했다. 이러한 변화는 결국 제사장 중심의 사회에서 탈피하여 지역 공동체 간 네트워크가 강조되는 결과를 초래했다. 이후에 기후가 다시 온난해지는 기원전 2000년경부터 도시를 만들었던 샤자덴하층문화의 사람들은 옥기 대신에 청동기를 사용했고, 강을 따라서 거대한 성을 수백 개나 건설했다. 계급도 뚜렷하게 나뉘었고, 평균 수명도 40세 전후에 이를 정도로 연장되었다. 중국 학계에서는 샤자덴하층문화를 중국의 하나라에 비견하는 국가의 등장으로 본다.

요서지역에서 홍산문화로 시작되어서 비파형동검으로 이어지는 거대한 문명의 흐름은 만주 일대에서도 아주 독특하여 세계적으로도 주목받고 있다. 지난 20여 년간 중국과 미국 피츠버그 대학에서 매년 이 유적을 조사하는 것도 이 지역에서 독특한 문명이 발생했던 이유를 규명하기 위해서이다. 이제까지 한국과 중국에서는 홍산문화가 어느 나라의 것이냐는 소모적인 귀속 논쟁으로만 알려져

| 샤자덴하층문화의 성터에서 발견된 집자리들

있었다. 하지만 홍산문화의 숨겨진 또 다른 가치는 바로 그 소멸과
정에 있다. 홍산문화를 만든 사람들은 작게 쪼개진 마을들로 흩어
졌고, 그 결과 홍산문화의 옥을 만드는 기술과 제사의 풍습은 이후
시대로 확산되었다. 그렇게 본다면 사실 버려진 홍산문화의 제사
유적은 고대인들의 현명한 삶을 보여주는 증거가 될 수도 있지 않
을까.

화려한 것만이 늘 성공을 의미하는 건 아니다. 실패가 늘 끝을 의
미하는 것도 아니다. 삶은 항상 성공한 채로, 늘 실패한 채로 이어
지지는 않는다. 때문에 성공했다고 해서 자만할 것도, 실패했다고
해서 낙담할 게 없다. 중요한 건 마음에 달려 있다.

실패했을 때 기꺼이 물러설 줄 안다면 언제든 다시 일어날 수 있
을 것이다. 문명은 사라질 수 있다. 하지만 그 사람들이 생존해서
살아 있다면 결국은 더 큰 꽃을 피우며 재탄생될 수 있다. 우리의
삶 역시 그렇지 않을까. 실패를 담담히 받아들일 수만 있다면 우리
의 세계는 좀 더 깊고 단단해질 것이다.

15

그들은 왜
유물을 위조했는가

"조상의 위대함이 나의 위대함을 증명하지는 않는다."

- 정예푸 [*]

인간의 욕망이 빚어낸 역사의 위조

무엇인가를 발굴해서 새로운 사실을 통해 명성을 얻고자 하는 욕망은 역사의 위조로 이어졌다. 사실 위조라는 주제만으로 수백 권의 책을 내도 될 정도로 그 이야기는 세계 곳곳에 널리 퍼져 있다. 위조의 장본인들은 때로는 재미로, 때로는 명예욕으로 역사를 위조한다. 하지만 그건 고고학 연구를 파괴하는 행위이다. 대표적인 예는 인류의 기원과 관련된 사기극인 필트다운인 위조사건이었다. 이 사건은 1912년에 찰스 도슨이 조작한 인골을 필트다운 지역에서 발견했다고 주장해 이후 40여 년간 주요한 고고학적 발굴로 남아 있었던 대표적인 유물 조작사건이다.

아마추어 고고학자였던 찰스 도슨이 집 근처에서 인골을 발견했다고 주장하면서 사건은 시작되었다. 당시에 여러 비판이 있었지만, 대부분의 학자들은 그의 발견에 동조했고, 이는 곧 세계적인 반향을 일으켰다.

필트다운인 사건은 마치 찰스 도슨의 개인적인 공명심이 원인이라는 식으로만 치부된다. 하지만 돌아보면 그 근본적인 원인에는 영국이 세계 제일이라는 영국 중심적 사고가 깔려 있었다. 19세기 말

● 중국의 인문학자이자 작가.

부터 시작된 인류의 기원을 연구하는 데에 서양 각국은 경쟁했다. 가장 앞서간 나라는 독일이었다. 약 50만 년 전의 사람으로 추정되는 해골이 독일의 하이델베르크에서 발견되었고, 현생인류가 등장하기 바로 직전까지 살았던 유명한 인골도 네안데르탈 계곡(후에 네안데르탈인으로 명명됨)에서 발견되었다. 한편, 프랑스는 인골 대신에 구석기시대의 동굴벽화와 다양한 석기들을 연구함으로써 태곳적 인류의 연구에서 한 축을 담당했다. 하지만 유독 영국에서는 그런 발견이 나오지 않았으니, 영국 신사의 자존심이 상할 만했을 것이다. 그래서 택한 방법은 사람의 두개골에 오랑우탄의 턱을 조합하는 식으로 조작한 필트다운인 유골이었다. 턱은 진화가 덜 되었지만 두개골은 현생인류와 비슷한 규모의 지능을 가진 것으로 조작된 인류의 기원이 영국에서 발견된 것이다.

영국에서 살던 고인류는 비록 원시시대라고 해도 지능이 높다는 뜻이니, 필트다운인은 영국의 자존심을 세워준 상징이 되었다. 이후 필트다운인은 여러 학자들의 비판에도 불구하고 30여 년간 영국을 대표하는 고인류로 자리 잡았고, 심지어는 '첫 번째 영국인'이라는 별명으로 불리며 영국의 위대한 조상 역할을 했다. 필트다운인의 발견 직후 수많은 비판에 직면한 찰스 도슨은 그 주변에서 두 번째 필트다운인을 발견해서 그 논란을 잠재우고자 했다. 그런데 이후 계속되는 다른 인골의 발굴 결과 필트다운인이 인류의 진화와 전혀 맞지 않다는 것이 밝혀졌고 1950년대가 되어서 이 문제가 공론화되었다.

지금도 그 주범에 대해서 많은 설왕설래가 있다. 당시 찰스 도슨과 같이 활동하던 고고학 동호회 회원 중에는 영국의 유명인사들이 다수 포함되어 있었기 때문이다. 하지만 찰스 도슨의 조작이 밝혀진 당시는 관련된 사람들이 모두 죽은 이후였기 때문에 얼마나 더 많은 사람이 연루되었는지 밝히기는 어려웠다. 그래서 현재로서는 찰스 도슨의 단독 범행이라는 식으로 결론이 난 상태이다.

　그렇다고 해도 찰스 도슨과 함께 고고학 동호회 활동을 했던 사람들에 대한 의혹이 없어진 것은 아니다. 상식적으로 생각해보아도 아마추어 고고학자인 찰스 도슨이 단독으로 이 모든 일을 하기에는 무리이다. 위조한 인골이 40여 년간 진품으로 인정받을 정도로 정교하게 만들려면 당시까지 알려진 모든 고인류학, 지질학 등의 지식을 동원해야 했기 때문이다. 코난 도일과 테이야르 샤르댕 같은 유명한 신부가 옆에서 그에게 영향을 주었음은 분명하다. 이들 유명인사들이 설사 직접 위조에 참여하지 않았다고 해도 어떠한 형태의 두개골을 가진 인류가 나와야 하는지를 토론했을 것이다. 그러한 조작 시나리오에 필요한 다양한 정보를 주었음은 분명할 테니 그들 역시 이 문제에서 자유로울 수 없다는 것이 지금 고고학자들의 판단이다. 여하튼 관련자 모두 세상을 떠난 후이니 진실도 같이 묻혀 버렸다.

　또 다른 구석기 유물 위조사건은 얼마 전에 일본에서 일어났다. 1990년대에 세상을 뒤흔든 발굴로 유명했던 구석기 연구자 후지무라 신이치가 벌인 사건이다. 필트다운인과 달리 후지무라는 적어도

10년 이상 지속적으로 유물을 위조했다. 후지무라가 새로운 유물을 '발견'할 때마다 전 일본은 열광했고 교과서에서는 일본 역사의 시작 부분을 매번 개정했다.

후지무라는 1972년에 고졸의 학력으로 고고학적 배경이 전혀 없는 상태에서 구석기 연구에 입문했다. 1980년대 후지무라는 3만 년 내외에 불과했던 구석기시대의 역사를 바꾸는 발견을 매년 해냈다. 매년 이어진 후지무라의 발굴로 그의 조작이 폭로되기 전까지 일본의 구석기시대는 70만 년까지 올라가게 되었다. 구석기시대는 인류 역사의 거의 99%를 차지하는 시기로 인류가 세상 각지에서 정착하고 살게 되는 과정을 보여주는 중요한 시대이다. 하지만 남아 있는 유물이라고는 얼마 안 되는 인골을 제외하면 대부분 뗀석기뿐이다.

대체로 150만 년 전에 아프리카를 탈출한 호모 에렉투스가 각지에 정착하면서 인간의 역사는 시작되었다. 이 호모 에렉투스에서 시작하여 약 30만 년까지를 전기 구석기라고 한다. 다음으로 30만~5만 년은 중기가 되고 5만 년 전부터 빙하기가 끝나기 시작하는 1만 2000년 전까지를 후기 구석기라고 한다. 워낙 남아 있는 유물이 적고 대상으로 하는 시간의 범위가 넓기 때문에 학자 간의 논쟁도 많은 시대이다. 예컨대 남한에서 가장 빠른 구석기시대로 꼽히는 연천 전곡리의 주먹도끼 유물도 학자에 따라서 5만 년 설에서 20만 년 설을 주장할 정도로 다양하다. 그러니 유적이 하나 나오고 그 연대를 제대로 맞추기 위해서는 수십 년의 토론이 필요한 경우가 비일비재하다.

후지무라 신이치가 등장해서 3만 년밖에 안 되는 일본 구석기시대가 10년 사이에 70만 년으로 바뀌었으니, 이것은 가히 구석기시대 연구에서 세계 신기록감이라고 해도 과언이 아니었다. 그의 유물 조작이 발각되지 않았으면 지금쯤 일본이 세계 인류의 발상지가 되었을 거라는 농담이 나올 정도였다. 일반적인 고고학자라면 평생한 번 이루기도 어려운 발견을 후지무라는 매해 일구어냈다. 그가 손가락으로 가리키는 족족 위대한 발견이 나오니 동료 고고학자들은 그를 '신의 손God's hand'이라고 불렀다.

사실 후지무라가 이렇게 장기간 어처구니없는 위조를 할 수 있었던 데에는 침묵했던 주변 고고학자들에게도 원인이 있었다. 물론 일부 고고학자들은 그가 발견한 석기는 1만 년 전에 일본에서 시작된 신석기시대인 죠몽시대의 것과 비슷하다는 언급도 했지만, 전반적으로 일본 고고학계는 침묵했다. 설사 매년 새로운 유적을 발견했다고 해도 각 유적이 그 연대를 인정받으려면 토론과 검증이 필요하다. 특히 구석기는 유물 자체보다는 그 유적의 지질학적 특징과 발굴 정황에 대한 교차검증이 중요하다.

또한 석기는 수십만 년에 걸쳐서 천천히 그 제작기술이 발달했다. 그래서 수십만 년 전의 석기를 위조하려면 당시의 석기를 치밀하게 연구하고 그 제작기술을 복원해서 만들어야 하기 때문에 위조를 하는 것이 쉽지 않다. 그런데 후지무라가 직접 만들거나 후대의 석기를 가져와서 몰래 파묻는 식으로 어설프게 조작을 했는데도 아무도 몰랐다면 오히려 일본 구석기 연구의 수준을 의심해야 할 상황이다. 어쩌면 후지무라의 발견에 의문이 들었다고 해도 반대의 목소리를 낸다면 사회와 학계에서 지탄을 받을까 두려웠을 수도 있다.

후지무라의 조작은 단순히 한 고고학자의 공명심에서 비롯된 것이 아니다. 바로 자신들의 역사를 무조건 올리려고 하는 일본의 쇼비니즘적 시각과 야합한 결과이다. 후지무라가 유물을 파묻다 발각된 카미타카모리 유적은 사실 후지무라가 구덩이에 자기가 만든 석기 몇 개를 파묻은 것에 불과했다. 하지만 후지무라에 의해 이 석기는 70만 년 전의 구석기인들이 제사를 지낼 때 사용했던 유물로 변했다. 이 말이 맞다면 세계 최초의 제사유적이 발견되었다는 뜻이다. 세계 문명의 기원이 일본이며, 일본 고유의 종교인 신도(신토이즘)가 세계에서 가장 오래되고 뛰어난 종교라는, 극우세력의 입맛에 딱 들어맞는 얘기였다. 후지무라의 발견에 대한 이야기는 곧바로 극우 성향의 교과서인 '새 역사교과서를 만드는 모임'의 니시오 간지 회장이 쓴 교과서『국민의 역사』의 첫머리를 장식했다. 이 교과서에서는 후지무라가 발견한 유적을 첫머리에 내세우며 "이집트와 메소포타미아 문명보다 연대가 앞선 문명이 일본에 존재했다"●라는 여러 황당한 망언의 기반으로 활용했다. 극우세력의 준동에 후지무라의 위조가 동원되었지만 일본의 고고학계는 침묵으로 일관함으로써 암묵적인 동조를 했다. 극우 사관이라는 독버섯이

● 구본준, 〈자랑스러워하라, 조작해서라도〉, 『한겨레 21』 기사 중 일부.

자라기 좋은 환경에서 후지무라의 위조는 더욱 활개를 칠 수밖에 없었다.

후지무라의 석기 위조가 폭로된 1999년 11월 5일에도 발굴장 근처에는 세계의 구석기 연구자들이 학술대회 참석을 위해 모여 있었다. 후지무라는 세계의 학자들을 불러서 그 자리에서 새롭게 조작한 유적을 널리 알리려던 참이었다.

후지무라의 조작을 폭로한 것은 구석기를 가장 잘 아는 동료학자가 아니었다. 심층취재를 하던 마이니치 신문사의 기자였다. 후지무라의 발견에 의심을 품었던 기자가 몰래카메라를 설치해서 그가 유물을 파묻는 장면을 촬영했다. 결국 후지무라 조작사건은 후지무라 혼자 저지른 것으로 결론이 났으며, 그가 조사한 모든 유적은 위조라는 고고학계의 최종 조사를 끝으로 마무리되었다. 일본 특유의 꼬리자르기식 일처리라는 의혹도 제기되었다. 후지무라를 제외한 어떤 학자들도 처벌을 받지 않았기 때문이다.

후지무라의 유물 조작의 여파는 다른 고고학자들에게도 미쳤다. 카가미 아키오 벳푸 대학교 교수는 자신이 발굴한 구석기 유적인 히지리타키 동굴의 유물도 조작되었을 가능성이 크다는 어떤 기자의 기사에 항의하는 의미로 자살을 택했다. 실제로 카가미가 유적을 조사한 때는 조사방법이 발달하지 않은 1960년대였기 때문에 다양한 시대의 유물이 섞여 있었던 건 사실이었다. 물론 몇 년 뒤에 카가미의 조사는 조작이 아니라 단순 실수였음이 밝혀졌다. 후지무라 사건이 가져온 안타까운 사건이었다.

그렇다고 후지무라가 절망의 나락에서 불행하게 살고 있을까? 꼭 그런 것도 아니었다. 후지무라는 고고학계에서 퇴출되기는 했지만, 직장에서 자진사직을 한 경우라서 여전히 연금을 받으며 살고 있다고 한다. 그는 이혼 후 재혼을 해서 아내의 성으로 이름을 바꾸었다. 그리고 정신병을 이유로 당시의 모든 일이 기억나지 않는다면서 관련된 어떠한 언급도, 추가적인 진실 규명도 하지 않았다. 최근까지도 그는 그가 활동했던 도호쿠 지역에서 여전히 평온하게 살고 있다.

종교에 대한 신념이 빚어낸 위조

1950년대 고고학계에 도입된 방사성탄소연대측정법은 수백 년 논란을 끌어온 과거 유물들에 대한 과학적인 판단을 가능하게 했다. 그 와중에 전통적으로 보물로 생각하는 유물들의 진위를 가리는 논란이 일어나기도 한다. 가장 유명한 사건으로 수백 년 동안 유럽에서 예수가 사망한 후에 그 시신을 감쌌다고 믿어져 온 '토리노의 수의' 사건이 있다. 길이 4.5미터, 폭 1.1미터의 아마포로 만든 이 수의에는 한 남자가 손을 모으고 누워 있는 형상이 나타나 있다. 기독교에 관심이 없는 사람들도 한 번은 보았을 법한 유명한 유물이다. 14세기에 프랑스에서 처음 발견되었고, 이후 1694년부터 이탈리아 토리노 대성당에 소장되어서 '토리노의 수의'로 불린다.

「요한복음」 20장 6~7절에 따르면, 예수의 제자였던 시몬 베드로가 예수를 장례 지내고 며칠 뒤 무덤으로 가보니 시신은 사라지고 시신을 감쌌던 아마포와 머리 두건만 남아 있었다고 되어 있다. 즉, 시신이 사라진 아마포는 예수 최후의 만찬에 쓰였던 성배와 함께 예수 부활의 상징이 되는 최고의 성물이 된다. 하지만 실제 이 아마포가 등장한 것은 14세기 이후이며, 때문에 진품에 대한 논란은 줄곧 계속되어 왔다.

1988년, 이 논란에 종지부를 찍기 위해 토리노 대성당과 고고학자들은 이 옷에서 샘플을 떼어내 연대를 측정하는 프로젝트를 시작했다. 토리노 대성당 측에서는 우표 크기의 작은 천 조각을 떼어내서 그것을 동등하게 세 조각으로 나누어 옥스퍼드, 애리조나, 취리히 등 세계에서 가장 권위 있는 방사성탄소연대측정 실험실로 보냈다. 그리고 결과에 실험자의 주관이 들어갔을 가능성을 막기 위하여 실험자들에게는 비밀로 했다. 또한 그 결과의 신빙성을 높이기 위하여 연대가 분명한 다른 샘플들도 같이 분석했다. 이 샘플들은 영국 대영박물관에 보관되어 있던 11~12세기의 이집트 지역에서 출토된 클레오파트라 미라의 아마포 그리고 1300년대 프랑스에서 썼던 외투의 조각들이었다. 만에 하나 측정방법에 문제가 있다면 같이 측정한 다른 샘플들의 연대도 다르게 나올 것이었다. 이렇게 교차분석을 한 결과, 서로 다른 실험실에서는 '토리노의 수의'의 제작연도가 1260~1390년인 것이라고 밝혔다. 그리고 같이 분석한 서로 다른 시기의 시료도 실제 연대와 거의 똑같이 나왔다. 결과가 정확하다는 사실이 검증된 셈이다.

고고학자의 입장에서 본다면 극히 당연한 결과이다. 사실 죽은
사람을 아마포로 감쌌을 때에 겉면에 사람의 형체가 나온다는 것
자체부터가 믿기 어려운 상황이었다. 만약 시신을 감싼 천에 마치
스탬프를 찍은 것처럼 죽은 사람의 형체가 나타난다면 왜 이제까지
근동 지역에서 발견된 수많은 아마포에서는 비슷한 예가 단 하나도
없었을까. 설사 자연적인 현상으로 시신의 형상이 찍혀 있다고 해
도 그것이 2000년간 전혀 손상 없이 보존되기는 지극히 어렵다.

십자군 원정 이후 유럽에서는 근동 지역에서 가져온 이국적인
물건들로 넘쳐났고, 그들 중에는 성경의 여러 이야기들과 엮여 그
럴듯하게 포장되어서 팔리거나 전시된 예가 무척 많았다.

토리노의 수의가 등장한 배경에는 신도들의 믿음을 강화하기 위해
보고 믿을 수 있는 성물이 필요했던 시대적인 상황이 있다. 9~11세기

에 현재의 프랑스와 독일을 중심으로 번성했던 프랑코왕국의 카롤루스 왕조는 알프스 북쪽에도 기독교를 널리 보급하기 위해 성인의 유골을 교회에 두고 지역주민들의 신앙을 다지게 했다. 카롤루스 왕조는 2번째 왕인 카롤루스 1세(샤를마뉴 대제라고도 함) 때에 전성기를 맞이했다. 이때 카롤루스 왕조는 알프스 북쪽 대부분을 차지하였는데, 카롤루스 1세는 권력을 강화하기 위하여 북쪽 지역의 사람들도 신심을 제대로 갖도록 성인의 유골에 서약하는 관습을 모든 교회에 적용했다. 카롤루스 1세의 속셈은 상대적으로 기독교의 전통이 약한 카롤루스 왕조가 서로마제국을 대신하면서 그와 라이벌 격이 되는 동로마제국이나 유럽과 당당히 맞서는 하나님의 나라라는 것을 선전하기 위함이었다. 성인의 유골이 기적을 행하고 행복을 가져다준다고 여겼던 민간인들의 믿음을 이용했던 것이다.

성유골에 대한 사람들의 집착이 강해지며 10세기 이후에는 상황이 엉뚱하게 진행되었다. 당시 유럽 수도원의 권위가 상실되면서 수도원이 유지되려면 사람들이 믿을 수 있는 확실한 아이템, 즉 성인의 유골을 소유할 수밖에 없었다. 그런데 성인의 유골이라는 깃이 어디 가지고 싶다고 쉽게 얻어지는 것인가. 그래서 경쟁 교회에서 성유골을 훔치는 것이 다반사였다. 말 그대로 해골 쟁탈전이었다. 그리고 공동묘지에서 파거나 경로가 불분명한 많은 해골들이 등장해서 성인의 유골로 둔갑하기도 했다.

토리노의 수의는 이런 중세시대를 거쳐서 12세기 십자군 원정이 일어난 때에 등장했다. 십자군을 통해 근동 지역에서 새롭게 엄청난 양의, 성유골이라 칭해지는 해골을 비롯하여 기독교의 설화와 관련된 수많은 유물들이 유입되었다. 그래서 사람들은 진위도 불분명한 해골에 관심을 잃기 시작했다. 토리노의 수의는 새로운 믿음의 징표가 필요한 바로 이러한 시점에서 혜성처럼 등장했다.

하지만 여전히 반론은 존재한다. 또 다른 연구는 분석한 부분이 중세시대 이래로 계속 덧대어 기운 부분이라며, 실제 연대는 1300~3300년이라고 주장했다. 탄소연대의 오차는 보통 100년 이내이다. 그런데 이 연대 측정치의 연대폭은 2000년이니 고고학적으로 볼 때 사실상 이 기록은 신뢰할 수 없다. 이 결과에 동의하지 않고 다소 유물의 손상을 감내할 수 있다면 안료나 직물 성분 등의 검사 과정을 거칠 수도 있다. 하지만 가톨릭 측에서는 하나하나의 결과에 일희일비하지 않겠다고 결론 내렸다.

2013년 3월, 토리노 수의를 친견한 프란치스코 교황은 "이 수의의 사람은 우리를 나사렛 예수에게 다가가도록 초대한다"라고 이 수의의 의미에 대해 말했다. 애초에 이 유물은 사람들의 믿음을 더 깊게 하기 위해 등장했고, 지금도 많은 사람들은 이 수의를 보면서 믿음을 얻고 있다. 그렇다면 성물로서의 의의를 충분히 달성했다는 뜻이다. 긍정도 부정도 않는 절묘한 선택이었다. 하지만 고고학을 아는 사람이라면 이 수의가 믿기 어렵다는 것은 충분히 알 것이다.

국보 274호가 영구 결번된 이유

전쟁터란 양쪽의 군대가 뒤섞여서 싸우는 곳이다. 예컨대 남해안 일대에서 활약했던 이순신 장군과 임진왜란의 전적을 찾는 과정을 생각해보자. 그곳에서 실제 유물을 찾아내기도 어려우며 적이었던 일본군의 유물이 나올 가능성도 크지 않다. 일본 수군의 유물이 나온다고 해도 감추거나 한국의 것으로 주장할 필요는 없다. 또한 조선 수군의 유물이 나온다고 해도 그것이 임진왜란 때에 사용되었다는 것을 밝히기 위해서는 수많은 검증과 연구가 필요하다. 단번에 찾고 싶은 것을 찾는 고고학자는 거의 없다. 그러나 과욕을 부리다가 위조의 유혹에 빠져서 범법자가 된 경우도 있다.

1992년에 경남 통영시 한산면에서 16세기 말의 별황자총통이라는 대포를 건져 올린 일이 있었다. 겉에는 몇백 년 간 물속에 수장되었다는 것이 무색할 정도로 '귀함(거북선)의 황자총통은 적선을 놀라게 하고, 한 발을 쏘면 반드시 적선을 수장시킨다'는 글자가 선명하게 적혀 있었다.

한산도라는 지역, 거기에 거북선이라는, 마치 필요한 퍼즐을 맞춤형으로 끼워 넣은 듯한 유물이 나온 것이다. 전국이 들썩였고, 해군 충무공해전유물발굴단이 이 유물의 발굴을 발표하고 이틀 뒤에 국가의 문화재를 평가하고 결정하는 최고의 기관인 문화재위원회에서는 임진왜란이 일어났던 16세기 말의 유물이 틀림없다는 의견을 냈다. 이에 탄력을 받은 정부는 발견 17일 만에 실물도 보지 않고 덜컥 국보 274호로 지정했다. 이렇게 빨리 대한민국을 대표하는 보물인 국보로 지정된 예는 전무후무했다. 국보는 대한민국을 대표하는 보물이기 때문에 전문가의 오랜 연구와 평가 그리고 사회적인 의미 등을 종합적으로 평가해서 결정해야 한다.

예컨대, 1971년에 발굴된 백제를 대표하는 무령왕릉의 황금 유물도 국보로 지정된 것은 3년이나 지난 1974년 9월이었고, 신라의 천마총에서 출토된 금관도 발굴된 지 5년이 지나서야 국보가 되었다. 그런데 별황자총통은 바다에서 건져 올렸기 때문에 발굴의 상황이 불분명함에도 도저히 이해할 수 없는 속도로 국보로 지정되었다. 당시 국보 상정을 위해서는 문화재전문위원의 현장답사를 포함하여 최소한 1~2개월의 조사를 거치는 게 일반적이었다. 하지만 이 별황자총통에 대해서는 모든 과정이 생략되었고 당시 한 문화재위원이 작성했다는 200자 원고지 5매의 평가서가 국보를 평가하는 유일한 근거가 되었다.

이후 1996년에 검찰에서 다른 사건을 조사하던 중에 이 유물을 위소한 사람의 진술을 확보했다. 그리고 추가 조사 결과 해군 유물발굴단의 관계자가 연루되었다는 점도 밝혀져 충격을 주었다. 결국 거북선 발굴에 성과가 없는 것에 조바심을 낸 당시 해군의 발굴단장이 과욕을 부려서 유물을 조작한 것으로 결론이 났다. 그 결과 국보 274호는 결번이 되었다. 범죄자의 조작은 당연히 문제이지만, 당시에 졸속으로 국보로 지정한 문화재위원들에게도 비판의 화살은 향했다. 왜냐하면 조작의 흔적이 너무나 뚜렷했기 때문이다. 별황자총통의 보존 상태는 너무나 좋았고, 조선시대에는 쓰이지 않는 글자인 '귀함'이라는 글씨도 등장했기 때문이다. 조선시대에는 거북선을 '귀선'이라고 썼다. 그밖에도 찬찬히 보면 이상한 점이 한두 군데가 아니었다. 돌아보면 1990년대는 졸속으로 빨리빨리 일을 처리하던 문화가 한국 내에 극에 달했던 때였다. 성수대교나 삼풍백화점 붕괴 같은 안타까운 사건들을 떠올려보라.

사실 별황자총통은 그러한 사회적인 조급증이 정부와 문화재 학계로 미친 결과였다. 이 유물 발견 당시 언론에서는 이순신의 유물이 나왔는데 정부는 뭐하고 있냐는 식으로 질타하는 기사들을 쏟아내었다. 어떻게든 빨리 국보로 지정해야 할 상황이었지만 바다에서 건진 유물을 짧은 시간 내에 평가하긴 어려웠을 것이다. 하지만 질 낮은 가짜 유물을 이순신이라는 이름 하나만으로 최단기간 졸속으로 국보로 지정한 사건은 우리나라 문화재 역사에서 지울 수 없는 치욕으로 남았다. 그렇게 프로스포츠에서 유명한 선수에게 부여하는 가장 큰 영예인 영구결번이 국보에서는 부끄러움의 상징이 되어버렸다.

고고학의 진실은 유물에 있다

대부분의 고고학자들은 흙구덩이를 파며 일생을 보낸다. 하지만 가끔 자신이 발견한 유물이 사람들의 관심을 끌거나 아니면 다른 고고학자가 학계의 주목을 받으면 초조해질 수 있다. 그러면 경쟁적으로 일반인들이 좋아할 만한(주로 민족주의를 자극하는 것들) 연구 결과를 내놓기도 한다. 또 그러한 기사를 선호하는 언론도 이러한 경쟁을 부추기기도 한다.

최근에는 고령의 대가야고분에서 금관가야의 탄생설화인 구지가를 증명하는 진흙으로 만든 방울이 나왔다고 하여 사람들의 주목을 끈 적이 있다. 김해를 중심으로 있었던 금관가야의 유물이 왜 관계없는 대가야에서 나오는가는 둘째치고서라도 추상적으로 그은 몇 개의 그림이 실제 신화의 요소라고 주장하는 것은 위험한 발상이다.

인간으로 태어난 이상 다른 사람들의 존경을 받고 싶어 하는 것은 당연하다. 이왕이면 많은 사람들의 사랑을 받는 것은 행복한 일이다. 고고학자라고 예외겠는가. 특히나 세상과 멀어져서 외롭게 땅을 파고 유물을 연구하는 고고학자에게 세상의 관심은 삶에 큰 활력소가 된다. 내가 힘들게 발굴하고 연구한 유물이 박물관에 전시라도 된다면 비록 그 유물의 설명에 발굴자의 이름은 없더라도 뿌듯하고 기쁜 게 사실이다. 그리고 한민족이나 인류의 기원 같은 모든 사람들이 관심 있어 하는 문제를 유물로 밝혀줄 수 있다면 더할나위없는 영광이다.

하지만 고고학자들의 어떠한 주장이든 유물에 기반이 되어야 한다. 고고학자에게 진실은 유물에서 시작해서 유물로 끝난다. 고고학자들은 새로운 발견 앞에서 최대한 상상력을 억제하고 최대한 논리적으로 생각해야 한다. 사실 실제 유물을 앞에 놓고 있으면 없는 상상력도 일어나기 마련이다. 하지만 유물을 두고 논리적으로 생각해야 하는 이유 중 하나는 고고학 유물의 가변성에 있다. 문헌을 주로 연구하는 역사와 달리 고고학이 대상으로 하는 유물들은 매일 새롭게 쌓인다. 언제나 고고학자들의 주장을 뒤엎는 새로운 발견이 있을 수 있기 때문에 한두 개의 발견으로 성급한 결론을 내리는 것은 위험하다.

고고학자에게 명성은 마치 헤엄치는 고래와 같다. 고래는 오랜 기간 물속에 잠겨 있다가 때가 되면 수면으로 올라와 숨을 분출한다. 너무 오랫동안 수면 밑에 있어서도 안 되지만 수면 위에 계속 머물러서도 안 된다. 너무 오래 수면 위에 있다면 결국 사냥꾼들의 표적이 되기 때문이다. 가끔 수면 위에서 따뜻한 햇살을 바라보는 건 좋지만 고래가 살아야 할 곳은 물속이듯, 결국 고고학자의 가장 큰 즐거움은 혼자 외롭게 유물을 바라보는 중에서 피어나야 한다.

16

고고학자의
시행착오와 해프닝

"비판받기 싫다면 아무 짓 하지 말고, 아무 말도 마시오.
그저 아무것도 아닌 사람이 되시길."

- 엘버트 허버드

꿈속의 방상시

1945년 해방된 조국의 혼란스러움은 고고학계에도 마찬가지였다. 일제강점기에 일본인들은 유물 발굴에 한국인 고고학자의 참여를 거의 허락하지 않았고, 고고학자를 양성하지도 않았다. 그들만의 식민지 발굴을 영원히 지속할 줄 알았겠지만, 일본은 갑자기 패망했다. 이에 다른 일본인들과 마찬가지로 모든 고고학자들은 짐을 싸서 일본으로 가는 배를 타기 위해 빈 몸으로 부산으로 향했다. 유물은 한국인들에게 남겨졌다.

도유호 박사는 소련이 주둔했던 북한의 문화재를 담당했고, 남한에서는 김재원 박사●●가 국립박물관을 담당했다. 그런데 문제는 남한에서는 발굴을 제대로 할 수 있는 사람이 없다는 데에 있었다. 김재원 박사도 유럽에서 유학을 했지만 발굴의 경험은 거의 없었다. 이에 미군정에 부탁을 해서 일본으로 귀환을 준비하던 일본인 고고학자 아리미쓰 교이치●●●를 1년간 한국에 머무르게 하고 발굴 및 관련 업무를 배우기로 했다.

● 미국의 작가.
●● 함흥 출신으로 독일에서 고고학으로 박사학위를 받고 초대 국립중앙박물관장을 역임했다.
●●● 일제강점기에 조선총독부박물관에서 근무하며 한국의 고고학 발굴을 담당했다. 2012년에 105세를 일기로 사망했다.

| 호우총을 발굴할 때의 개토제 모습

　1946년 4월에 드디어 남한 최초의 고고학 발굴단이 조직되어서 경주로 출발했다. 발굴 관련 장비는 미군트럭을 얻어서 서갑록이라는 국립박물관 직원과 함께 미리 출발했다. 하지만 무거운 짐을 싣고 가던 트럭은 대구에서 고장이 났고, 고생 끝에 간신히 경주에 도착했다. 트럭이 오는 사이 경부선 기차로 따로 출발한 발굴단은 최초의 발굴지를 어디로 할까 골랐고, 아리미쓰는 자기가 봐둔 곳이 있다며 반쯤 무너진 고분을 지정했다. 그 고분의 정식이름은 노서동 140호분이다.●

　아리미쓰는 1932년에 경주를 조사하던 당시 주변 민가 때문에 많이 파괴된 이 고분을 눈여겨 보았고, 발굴 실습을 하기에 적당

....

● 일제강점기에 일본인들은 신라의 고분을 조사해서 각 행정구역별로 일련의 이름을 붙였다.

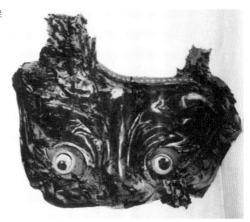
호우총에서 출토된, 방상시로
오해받은 화살통

하다고 생각했다. 발굴을 시작할 때 스님을 모셔와 독경을 하고 개토제[*]를 지냈는데, 당시 유별난 구경거리로 경주의 시민들이 벌떼같이 모여들어서 발굴장은 그야말로 야단법석이 되었다.

그렇게 한국인이 주도한 첫 고분 발굴지에서는 놀랍게도 광개토대왕의 이름이 새겨진 청동그릇이 나왔다. 이에 청동그릇이라는 뜻의 '호우'를 따서 이 고분을 호우총으로 명명하게 되었다. 명문에 따르면 이 그릇은 광개토왕의 사후 2년인 을묘년(415년)에 만든 기념 그릇 중 10번째에 해당한다. 당시 신라는 밀려오는 왜구의 침입을 막기 위해 광개토왕의 고구려에 구원을 요청했다. 이 호우의 발견으로 당시 신라와 고구려의 관계가 유물로 증명된 것이다. 사실

[*] 무덤 안의 사람과 땅의 신에게 양해를 구하기 위하여 발굴을 시작할 때 지내는 의식. 지금도 발굴을 시작할 때 발굴의 평안을 기원하면서 개토제를 지내는 경우가 꽤 많다.

| 방상시탈

신라 고분에서 고구려의 유물이 나온 예는 그때가 유일했으니, 이 호우총은 비록 일본인의 힘을 빌리긴 했지만 엄청난 발견을 했다고 할 수 있다. 그런데 호우총에서는 호우 말고도 흥미로운 유물들이 다수 출토되었다. 특히 발굴단장 김재원 박사는 한 유물을 보고 소름이 돋았다고 한다. 나무에 옻칠을 한 물건인데 두 눈을 부라리듯 험상궂은 도깨비의 형상을 한 유물이었다.

김재원 박사는 기괴한 이 유물을 발굴하는 순간 방상시를 떠올렸다고 한다. 원래 방상시는 중국의 신 중 하나로, 황금으로 만든 4개의 눈이 달린 가면을 쓰고 몸에 가죽을 두른 호위무사로 표현된다. 문이나 입구에서 나쁜 귀신을 돌려보내는 일종의 보디가드인 셈이다. 김재원 박사는 이 방상시가 무덤의 도굴을 막기 위한 일종의 부적이라고 생각했다. 당시는 이집트 투탕카멘의 무덤이 발굴되면서 소위 '미라의 저주' 소문이 돌았고, 고대 무덤을 잘못 발굴하면 화를 입는다는 믿음이 꽤 유행했던 시절이었다. 그래서 그런지 몰라도 김재원 박사는 생전에 악몽을 꿀 때면 여지없이 그 방상시가 나타났다고 하니, 그때의 충격이 무척이나 컸던 모양이다.

최근 그 방상시 유물에 대한 재조사가 이루어졌다. 그 결과 방상시 유물은 화살통 장식으로 밝혀졌다. 고대 전사들이 등에 매고 다니는 가장 큰 전쟁도구였고, 거기에 위엄이 서리도록 밑부분에 눈을 부라리는 모습을 넣었던 것이다. 도굴을 방지하려는 도깨비의 모습과는 거리가 멀다.

주인이 바뀐 무덤

1991년 1월, 파주 서곡리에 있는 조선 개국공신 한상질의 묘가 도굴되었다. 고려 말에서 조선 초기에 만들어진 무덤은 돌무덤이기 때문에 비교적 도굴이 쉽다. 게다가 인적이 드문 민통선 안에 위치했기 때문에 도굴에 취약할 수밖에 없었다. 한상질은 이성계가 고려를 멸망시킨 뒤 명나라로 가서 '조선'이라는 나라 이름을 받아온 사람으로 유명하다. 무덤이 파헤쳐진 뒤 청주 한씨 문열공파에서는 한상질의 무덤이 얼마나 피해를 입었나 살펴보았다. 그 과정에서 내부의 돌무덤 벽에 형형색색의 색깔로 벽화가 그려진 것이 확인되었고, 국립문화재연구소에서 긴급조사를 실시하게 되었다. 무덤의 네 벽에는 인물상들이 생생하게 그려져 있었고, 천장 뚜껑돌에는 별자리가 그려진 것도 있었다. 무덤의 도굴은 안타까운 일이었지만, 남한 최초로 고려~조선시대 초기의 벽화가 발견된 일이기도 하다.

무덤의 남쪽 1미터 정도 되는 땅속에서는 4개의 조각으로 깨진 묘지석이 발견되었다. 그 무덤의 주인공과 무덤을 만든 날짜를 적어놓은 것이었는데, 묘지석이 발견되면서 이 무덤의 주인공이 누구인지에 관한 문제가 새롭게 등장했다. 이 묘지석에 쓰인 무덤의 주인공이 한상질이 아니라 한상질의 외증조부인 고려 시대 최고의 세도가였던 권준이었던 것이다. 무덤 안에 남은 유물들도 권준이 죽은 1352년에 부합하는 청자와 동전들이었다.

우여곡절 끝에 2004년, 대법원은 고고학 발굴 결과의 과학성을 인

| 파주 서곡리 권준 무덤에서 발견된 벽화

정하고, 무덤의 관리권을 청주 한씨에서 안동 권씨의 관할로 최종 판결했다. 왜 이런 상황이 발생한 걸까. 이는 고려 말기 권준의 손자인 권용과 증손자인 권진이 연루된 역모사건과 관련이 있었다. 증손자 권진은 공민왕의 자제위(왕을 보위하는 젊은 청년들의 조직)였는데, 그 당시 다른 자제위인 홍륜이 공민왕을 시해했다. 공민왕의 뒤를 이은 우왕은 권진도 그 사건에 연루되었다고 판단하여 권진과 그의 아버지 권용마저도 처형시켰다. 멸족되기 일보 직전의 상황이었다. 당연히 권준의 무덤을 지키면서 제대로 된 제사를 지내기도 어렵게 되었다. 그러자 안동 권씨와 사돈지간이었던 청주 한씨 집안에서 권준의 무덤을 대신 지키게 되었다. 한상질의 어머니가 바로 권준의 손녀였다.

멸문의 위기에 있었던 상황에서 외가 쪽에서 대신 제사를 잇는 것은 조선 전기에 흔한 일이었다고 한다. 어쨌든 권준 못지않은 명문가 자제였던 한상질은 권준의 무덤을 관리하고 제사를 이었던 것 같다. 실제로 한상질의 무덤은 권준 무덤의 위에 있었다고 한다. 사람들은 권준의 무덤이 한상질의 무덤 옆에 물건을 묻었던 부장묘라고 생각했다고 한다. 부장묘라는 소문이 났으니, 그 안에 각종 보물이 있을 것으로 생각한 도굴꾼들이 실제 한상질의 무덤 대신에 그 밑에 있는 권준의 무덤을 집중적으로 도굴했던 것이다.

우연히 발견된 나라

고고학은 역사 기록에 보이지 않는 여러 놀라운 사실들을 밝혀 주기도 한다. 2014년 8월, 중국 베이징의 수도박물관에서 〈연나라 공주가 바라본 패국〉이라는 특별전이 열렸다. 이 전시회에서는 2007년 5월 산시성 린펀臨汾시에서 발굴된 3000년 전 서주시대 귀족 무덤의 유물이 소개되었다. 사실 중국에서 서주시대 청동기가 대량으로 발견되는 무덤이나 구덩이는 너무 흔하다. 그런데 이렇게 베이징을 대표하는 수도박물관에서 대형 전시회를 한 이유는 발견된 청동기가 그 전에는 전혀 몰랐던 '패국'이라는 나라의 것이기 때문이었다. 세계적으로 역사 기록이 풍부하기로 유명한 중국의 한 가운데에서 이렇게 완전히 잊혀진 나라가 발견된 경우는 처음이었다.

대나무 죽간편이나 청동기에 새겨진 명문 등 세계에서 기록이 가장 많은 곳이 중국이다. 그런데 중국의 주나라 시대에 그동안 전혀 알려지지 않은 나라가 있었다는 믿기 어려운 발견에 고고학자들은 놀라움과 흥분을 감추지

| 패국의 유물

275

못했다.

이 '覇國(패국)'이라는 나라는 존재했고, 그 왕의 성은 괴媿이며 패백覇伯이라고 불렸음이 밝혀졌다. 또 다른 청동기에서는 그 왕의 동생인 패중覇中, 覇仲의 청동기도 발견되었다. 무덤의 규모가 당시 중국에서도 최고 제후급이었기에 그 나라의 규모 또한 컸던 것으로 짐작되었다. 놀라움은 여기에서 그치지 않았다. '연나라 제후가 공주에게 하사한 그릇'이라는 글자가 청동기에 새겨진 것이 발견된 것이다. 베이징 근처의 연나라 공주가 패국의 제후에게 시집오면서 가져온 청동기였다. 700킬로미터나 떨어진 두 나라가 서로 혼인외교를 할 정도로 패국의 세력은 컸던 것 같다.

그렇다면 왜 패국의 존재가 역사에는 기록되지 않았을까. 사료가 유실되었을 것이라는 가장 편하고 무책임한 설명도 가능하겠지만, 이 정도 유물을 부장할 정도의 나라라면 감쪽같이 사라지는 일은 쉽지 않다. 현재로서 가장 유력한 설은 주나라가 처음 봉건제를 시행했을 때에 패국이 등장했지만, 곧바로 스스로 이름을 바꾸거나 그 봉건제에서 탈퇴했다는 것이다.

실제로 패국이 있던 산시성 린펀시 일대는 중국이 오랑캐로 치부했던 적인狄人 또는 귀인鬼人들이 살았던 지역이었다. 어쩌면 이들은 오랑캐가 연상되는 패국이라는 이름을 다르게 바꾸었을 가능성도 있다. 즉 패국覇國은 사서에는 다르게 기록되어 있었을 가능성이 크다. 하지만 이는 아직 추측일 뿐이다. 패국이라는 나라의 실체는 향후 고고학 발굴이 더 이루어져야 밝힐 수 있을 것이다.

많은 사람들은 고고학이 기록으로 남아 있는 역사를 밝힌다고 생각한다. 하지만 실제 고고학의 목적은 역사 기록을 밝히는 것이 아니라 과거 사람들의 다양한 모습을 밝히는 것이다.

사람들이 고고학을 좋아하는 이유는 유물이 주는 여러 가지 창의적인 상상력 때문일 것이다. 박물관 전시품 안에 있는 유물을 보면서 사람들은 서로 다른 생각을 한다. 고고학에서는 하나의 유물을 하나의 관점으로만 보지는 않는다. 또한 새로운 유물은 계속 발견되고 그에 대한 해석 역시 계속 바뀐다. 이렇듯 고고학에는 정답이 없다. 고고학은 매일 바뀌어가는 일상 속에서 인생의 의미를 찾아가는 우리의 삶과 닮아 있다.

17

황금 유물을 둘러싼 운명들

"난 황금 구덩이를 두 번 발견했지요. 영광을 얻기 위해서가 아니라 유물에 숨겨진 진실을 위해서요."

— 아프가니스탄 황금을 발굴한 고고학자 사리아니디

사실 고고학자들이 발굴 과정에서 실수하거나 당황하는 경우는 다반사이다. 가장 큰 이유는 보이지 않는 땅속을 발굴하기 때문이다. 그렇기 때문에 예상치 않은 대형 유물이 발견된다면 가장 필요한 건 바로 침착함이다. 하지만 아무리 침착하더라도 실수는 한다. 때문에 중요한 건 안 하는 것이 아니라 적게 하는 것이다. 현장에서의 사소한 실수들은 고고학자들의 숙명이다.

트로이 황금의 진실

일반인들이 고고학이라고 하면 가장 먼저 하인리히 슐리만과 그의 트로이 발굴을 떠올리는 경우가 많다. 슐리만은 어린 시절 호메로스의 『일리아스』를 읽은 후 그것을 증명하겠다고 평생을 소원해왔고, 은퇴한 이후 실제로 트로이의 흔적을 발견한 인물로 유명하다. 그런데 그의 발견은 고고학계에서는 가장 놀라운 업적이면서도 동시에 가장 잘못된 발굴의 하나로 기억한다.

트로이 유적은 수천 년 동안 사람들이 살아오면서 이룬 거대한 언덕 테페(진흙언덕)에 자리하고 있었다. 건조한 중앙아시아와 근동 지역에서는 1만 년 전부터 사람들이 뜨거운 열기를 막을 수 있는 진흙 벽돌로 집을 짓고 살았다. 그리고 집을 다시 지을 때가 되면 그냥 집을 무너뜨리고 그 위에 다시 집을 지었다. 이런 건축과 재건

트로이 유적의 정경.
화살표로 표시된 부분이 슐리만이 황금 유물을 발굴한 곳이다.

축이 반복되면서 수십 미터의 진흙언덕을
이루는 테페가 만들어진다. 트로이 유적이
발견된 히사를리크 언덕도 이런 과정을 거
쳐 만들어졌다. 현재 트로이 유적이 있는
테페의 표면에는 로마 시대의 극장과 다양
한 건물지가 있다. 그러니 발굴을 할 때도
수천 년의 흔적을 마치 양파껍질 벗기듯
신중하게 해야 한다.

트로이 유적에서 출토된 유물을 착
용하고 있는 슐리만의 아내 소피아

　그런데 슐리만은 황금을 찾아서 명성을
얻겠다는 생각이 너무 앞섰다. 무작정 황
금을 찾아서 땅을 파다가 정작 트로이가 있었던 지층을 파고 더 깊
숙이 내려갔던 것이다. 그곳에서 황금 유물이 나오자 그는 인부들
을 현장에서 내보내고 30살이나 어린 부인과 둘이서 황금을 파내
어 아내에게 걸어주고 사진을 찍었다. 트로이의 유적을 소개하는
책들에서 꼭 등장하는 바로 그 사진이다. 소피아가 걸친 황금 유물
은 바로 이때에 둘이 발견한 것들이었다.

　사실 슐리만이 꿈에 그리던 황금을 찾아서 자신과 고락을 함께
한 부인의 목과 머리에 걸어주며 그간의 수고를 위로하는 장면은
일반인들에게는 꽤나 매력적으로 보일지 모른다. 하지만 지금의 고
고학자라면 상상도 할 수 없는 행위이다. 유물이 발견되면 보존처
리를 위하여 접촉을 최소화해야 하고 유물이 훼손될 수 있는 사적
인 행위는 일절 금지되어야 한다. 신기하다고 만지고 몸에 걸치는

것처럼 무리하게 다루면 유물에 훼손이 갈 수밖에 없다. 물론 원칙은 그렇지만, 최근까지도 황금 유물과 관련된 비슷한 해프닝은 있어 왔다.

1971년에 무령왕릉이 발견되었다. 해방 이후 최초의 왕릉이 도굴되지 않은 상태에서 발견되어 전국이 들썩였다. 이에 청와대에서 발굴단에 연락을 해 대통령이 직접 유물을 보고 싶어 하니 가져오라고 요청했다. 당시 발굴단장이었던 국립중앙박물관의 김원룡 교수의 회고에 따르면, 대통령에게 직접 보고를 하면 유적의 발굴과 보존에 도움이 될 거라는 생각에 한달음에 보물들을 가지고 가서 청와대에서 브리핑을 했다. 그런데 갑자기 대통령이 무령왕 왕비가 찼던 팔찌를 잡고 "이게 진짜 순금인가?"라면서 손으로 이리저리 당겼고, 실제로 팔찌가 휘어져서 순간 가슴이 철렁했다고 한다.

현지에서 같이 발굴한 황금유물을 사유화했다는 점에서 슐리만은 고고학자로서 아주 나쁜 선례를 남긴 셈이다. 그럼에도 당시의 분위기에서 그런 잘못은 쉽게 용인되었고, 슐리만은 트로이의 비밀을 규명한 사람으로 알려지면서 큰 명성을 얻었다. 하지만 위대한 발견보다 더 중요한 건 그것을 증명하는 것이다. 트로이 유적은 수많은 시대의 문화가 복잡하게 얽혀 있는 곳이다. 과연 슐리만이 발굴한 황금이 트로이 왕국의 것인지를 증명해야 한다.

그가 발굴한 유물은 실제 트로이 왕국에서 사용한 것과는 다른 형식이라는 점이 지적되어 왔다. 하지만 그는 그러한 지적을 무시하고 이 황금을 트로이의 마지막 왕으로 전쟁을 벌인 프리아모스의 이름을 따서 '프리아모스의 황금'이라고 명명해버렸다. 그러나 그가 발굴한 황금은 3200년 전에 살았던 프리아모스 왕보다 1000년이나 더 오래된, 약 4400년 전의 황금이라는 것이 현재의 정설이다. 물론 죽을 때까지 자신의 실수를 인정하지 않았지만, 그것은 오히려 그의 업적을 깎아내리는 빌미가 되었다. 아이러니하게도 슐리만은 이 '프리아모스의 황금'을 파기 위하여 그 위에 쌓여 있었던 트로이의 문화층을 파괴했기 때문이다. 그는 세계 최초로 트로이 유적을 발견한 인물이자 트로이 유적을 없애버린 인물로 역사에 남게 되었다.

고고학자들에게 실수는 피할 수 없는 숙명이다. 땅속을 제대로 알기도 어렵고, 피치 못할 시행착오는 일상다반사이다. 또 실수가 아니라고 해도 새로 나온 유물로 자신의 연구결과가 바뀌는 경우도 허다하다. 슐리만도 뒤늦게라도 자신의 잘못을 인정했으면 어땠을까. 사실 그 황금이 아니어도 슐리만이 발굴한 히사를리크 언덕이 트로이라는 것은 공인이 되었기 때문에 슐리만의 공은 전혀 달라지지 않았을 것이다.

사라진 황금 유물

하인리히 슐리만은 논란이 본격적으로 일어나기 전에 세상을 떴고, 그가 발굴한 대부분의 황금 유물은 독일 베를린박물관에 소장되었다. 1945년에 히틀러의 나치 정권이 붕괴되면서 미국과 소련군은 베를린을 동서로 분할했다. 당시 베를린박물관에서는 연합군의 폭격으로 실크로드의 유물을 포함해서 1/3 정도의 유물이 유실되었는데, 그 와중에 트로이의 황금 유물도 사라졌다. 많은 이들이 폭격으로 인해 파괴되었다고 생각했다.

그런데 소련이 망하고 러시아가 들어선 후, 엉뚱하게도 트로이의 황금 유물은 러시아 푸시킨박물관에 소장되어 있다는 것이 밝혀졌다. 히틀러의 패망이 가시화될 무렵 소련은 전쟁 중에 독일이 소련 영토 내에서 자행한 파괴를 보상받겠다는 명분으로 전리품 연대Russian Alsos를 창설했다. 이 전리품 연대는 독일군의 핵무기, 첨단 무기뿐만 아니라 문화재 등 소련에 도움이 된다고 생각하는 것들을 무차별적으로 자국으로 실어 날랐다.

물론 문화재 약탈과 파괴를 시작한 건 독일이 먼저였다. 독일군은 러시아를 침공하면서 위대한 아리안족의 유물이 아닌 것은 파괴해야 한다는 명분으로 러시아의 문화재와 건축물들을 파괴했던 것이다. 전쟁 중에 일어난 피장파장의 상황이라고 생각할 수도 있겠지만, 문제는 이때 얼마나 많은 문화재가 손상되거나 옮겨졌는지 정확히 알 수 없다는 데에 있다.

어처구니없는 이 황금 유물의 쟁탈전 내막이 알려진 후 유물 반환을 요구하는 소동이 일어날 법하지만 아직까지 별다른 움직임은 없다. 그리고 앞으로 반환을 요구할 수도 없어 보인다. 애초에 트로이의 황금 유물이 독일에 있는 것부터가 이치에 맞지 않는다. 슐리만도 트로이의 황금 유물을 오스만투르크의 땅에서 정당한 절차를 거치지 않고 독일로 가져왔기 때문이다. 그러니 러시아에서 트로이 황금 유물의 반환을 요구하려면 유럽의 여러 나라들도 이집트의 미라를 비롯해 수많은 세계의 보물을 반환해야 하는 상황에 처할 수 있다. 그리고 독일 역시 전쟁을 치르며 소련 영토에서 파괴한 문화재를 보상해야 한다. 이렇게 피차 떳떳할 게 없는 상황인 것이다. 결국 1996년에 트로이의 황금 유물은 일반에 공개되었다.

카자흐스탄 황금인간의 숨은 영웅

2016년 7월에 나는 국립문화재연구소 미술공예실 조사팀과 함께 황량한 카자흐스탄의 수도인 누르술탄(최근까지 아스타나로 불림)에 있는 국립카자흐스탄박물관을 방문했다. 카자흐스탄을 대표하는 2500년 전 고분에서 발견된 황금인간의 유물들을 조사하기 위해서였다. 박물관의 부관장이 러시아 유학 생활을 함께했던 내 오랜 친구여서 카자흐스탄 측에서는 무척 호의적으로 우리를 대해주었다.

카자흐스탄 초원의 황금문화는 흔히 '사카'라고 불리는 유목민들이 남긴 것이다. 유라시아 초원에서 유목을 한 사람들을 흔히 '스키타이문화'라고 한다. 사카는 크게 보면 스키타이 계통의 사람들로, 이란 페르시아 문화의 영향을 받은 화려한 황금문화를 중앙아시아에서 카자흐스탄을 중심으로 만들었다.

사실 나는 알타이를 중심으로 하는 시베리아의 유물들은 제법 많이 보았다. 하지만 중앙아시아 사카문화의 황금 유물을 직접 조사한 적은 없었다. 게다가 카자흐스탄의 국보로 대접받는 이 유물들을 직접 볼 수 있다는 사실은 유물함의 빗장이 열릴 때까지도 믿을 수 없었다. 막상 유물을 대하고 보니 수천 년이 지나도 전혀 빛을 잃지 않은 이 황금의 빛에 기가 눌리는 느낌이었다. 손톱만한 장식에도 철사로 꼬고 누금(구슬처럼 동그랗게 만들어 붙이는 기법)을 하고 역동적인 동물 장식을 빽빽하게 새겨 넣은 그 재주에 감탄이 절로 나왔다.

이렇게 사카문화의 황금은 특히나 찬란하기 때문에 초원의 황금 유물 중에서도 최고로 꼽힌다. 그런데 카자흐스탄 초원에 수만 기에 달하는 사카문화의 고분이 있지만 정작 발굴을 하면 황금 유물이 제대로 나오는 경우는 극히 드물다. 대부분 이미 도굴이 되었기 때문이다. 가장 유명한 도굴로는 300년 전에 시베리아로 진출했던 러시아 코사크인들의 것이 있다. 고분에서 황금이 나온다는 소문을 들은 코사크인들은 무작위로 고분을 파헤쳤고, 여기에서 나온 황금들을 녹여서 금화로 만들었다. 다행히 표트르 대제가 그런 행위를 중단하고 유물을 손상시키지 말고 가져오게 했으니, 그게 유명한 에르미타주 박물관에서 보관중인, 대표적인 초원의 황금 유물 모음인 '시베리아 컬렉션'이다. 이 컬렉션은 다채로운 동물장식을 한 화려한 황금 250점으로 이루어져 있다. 표트르 대제가 모은 것이 이 정도이니 실제로 더 많은 황금이 소리 소문도 없이 수많은 도굴꾼들에 의해 파괴되었을 것이다.

1970년에 카자흐스탄 알마티 근처의 작은 마을 이식에서 도굴이 되지 않은 무덤이 발견되었다. 이집트 투탕카멘왕의 피라미드, 한국의 천마총이나 무령왕릉처럼 도굴되지 않은 무덤은 고고학자에게 신이 내려주신 선물이라고 해도 과언이 아니다. 카자흐스탄의 이식 고분은 신라의 천마총에 충분히 비견할 만했다. 이 고분을 황남대총이 아니라 천마총으로 비유한 이유는 황남대총을 조사하기 위해서 먼저 발굴을 한 작은 천마총에서 엄청난 발견이 이루어진 상황과 비슷하기 때문이다. 이식 고분의 황금인간은 당사자의 무덤 옆에 같이 묻은 부곽에서 발견되었다. 무덤의 한가운데에 만든 주인공의 무덤은 이미 도굴이 되었다. 하지만 도굴꾼들도 그 옆에 딸려 있는 무덤의 존재는 몰랐다. 그 덕에 최초로 도굴이 되지 않은 사카무덤이 정식 발굴된 것이다. 원래 천마총도 더 거대한 황남대총을 발굴하기 위하여 미리 발굴했지만 황남대총 못지않게 널리 알려졌다. 이식의 황금인간 고분도 비록 부곽이지만 다른 어떤 거대한 고분보다도 사카문화를 대표하는 유적으로 대접받는다.

이식 고분은 알마티에서 동북쪽으로 50킬로미터 떨어진 지점에 분포했고, 전체 고분군의 면적은 약 3제곱킬로미터에 달한다. 지금은 주변에 마을이 들어서서 일부 고분은 마을 속에 있기도 하고, 일부 파괴된 것도 많으니 원래는 좀 더 컸을 것이다. 다행히 황금인간의 무덤이 발굴된 직후 이식 고분박물관이 건립되었고, 현재 약 80여 기의 고분군이 국보로 지정되어 보존되고 있다. 황금인간은

| 도굴이 된 흔적이 있는 카자흐스탄의 돌무지 대형 무덤

1992년 카자흐스탄이 독립을 하면서 카자흐스탄을 대표하는 국장(국가의 문양)으로 사용되고 있다.

초원의 고분이 모두 도굴된 이유는 유목문화와 관련이 깊다. 유목민들은 집이 없는 대신에 거대한 고분을 지었다. 사실 이것은 유목민들의 생활을 보면 쉽게 이해가 된다. 전쟁을 예로 들어보자. 전쟁을 하면 적의 심장부, 즉 그 나라의 수도 한가운데 왕궁이나 대통령궁을 차지해야만 끝이 난다. 아무리 공군이 폭탄을 투하하고 포병이 대포를 쏘아대도 결국 보병이 적의 중심부에 깃발을 꽂아야 끝이 나는 것이다. 한국전쟁 때 서울 수복을 하면서 중앙청에 태극기를 올렸던 일이나 일본의 이오지마에서 성조기를 올렸던 해병대의 모습을 담은 사진들은 바로 그러한 의미를 상징한다. 그런데 유목민들의 전쟁은 상황이 다르다. 유목민들은 평생 집을 옮기며 살기 때문에 수도나 왕궁이 없다. 그러니 초원의 부족들에게 최종 목표는 바로 상대방 부족들이 모이는 무덤들이었다. 각 부족이 모시는 신격화가 된 부족장의 무덤을 파괴하면 그 부족은 사실상 패하게 되는 것이다.

도굴은 유목민에게는 피할 수 없는 운명이었다. 지금 대부분의 무덤들은 심하게 도굴되어 있다. 카자흐스탄 초원 일대에 있는 사카인들의 고분은 거의 예외 없이 도굴 당한 것이다. 그런 상황도 모르고 초원의 곳곳에 있는 거대한 고분들을 발굴하면 당장 황금이 나올 것으로 기대하는 사람들이 있다. 하지만 도굴이 되지 않은 무덤이 발견되는 것은 사실 기적에 가깝다.

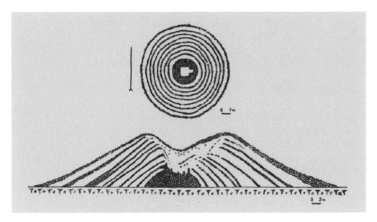

| 카자흐스탄의 돌무지 대형 무덤의 단면도

　보통 사카인들의 고분은 중심부 밑에 구덩이를 파거나 지상 위에 통나무로 관을 만들어 무덤을 만든다. 그리고 그 사실을 잘 알고 있는 고대의 도굴꾼들은 무덤 한가운데에 도굴갱을 파서 도굴을 했다. 보통 도굴갱은 직경이 50센티미터 정도도 되지 않는다. 어린아이나 몸집이 작은 성인이 간신히 들어갈 정도였다. 가끔은 도굴갱에서 사람의 인골과 도끼가 나오는 경우가 있는데, 도굴 중에 목숨을 잃은 사람들이었다. 도굴꾼들은 무덤방에 도달하면 관의 뚜껑을 깨고 안에 들어가 시신이 입고 있던 황금옷들과 여러 황금 유물을 꺼내 갔다. 카자흐스탄 초원에 있는 대부분의 사카시대 고분의 한가운데가 움푹 들어간 이유는 바로 이런 도굴 때문이다.

　모든 대형 발견이 그러하듯, 이식 고분의 발굴도 우연히 시작되었다. 1969년 4월에 이식 마을에 자동차공장을 만들려고 하니 그 공사구역 안의 고분을 구제발굴해달라는 요청이 접수되었다. 고분은 이미 상당히 파괴된 상황이었기 때문에 고고학연구소 소장 아키셰프는 간단하게 조사를 하기로 결정했다. 그리고 젊은 고고학자 누루무한베토프를 보내 공사하기 전에 현황을 파악해보라고 지시했다. 예상대로 이 고분의 가운데 관이 있는 곳에는 도굴의 흔적이 뚜렷했다. 이미 도굴도 되었고 파괴마저 심하게 된 고분을 굳이 보존할 필요가 없었고, 때문에 그냥 공사를 허가해도 이상하지 않은 상황이었다. 하지만 그는 고분에 남아 있는 다른 흔적이 있을지 모른다고 생각했고 공사를 중지시켰다. 희박한 가능성이라도 놓치지 않으려는 그의 노력으로 이식 고분의 위대한 발견이 시작되었다.

1970년 4월 2일부터 본격적인 발굴이 시작됐다. 하지만 발굴단은 고작 고고학자 2명에 보조원 2명, 운전사 1명으로, 아주 단출했다. 고고학연구소에서는 이미 파괴된 고분에 많은 인원을 배정할 명분이 없었던 것이다. 하지만 기적은 일어났다. 고분 가운데 무덤의 서쪽에서 또 다른 관이 하나 발견되었다. 도굴꾼들도 전혀 예상치 못한 위치였다. 다시 말해, 이 관은 도굴꾼의 손을 타지 않은 최초의 황금고분이었다. 이 놀라운 발견으로 온 나라가 떠들썩해졌고, 이후 한 달 간의 조사가 이어졌다. 카자흐스탄 남부의 오트라르 지역에서 발굴 중이던 아키셰프 소장은 이 소식을 듣고 급히 이식 고분으로 달려왔다. 이후 아키셰프가 발굴을 주도했고, 이후 황금인간의 발견이라는 영광을 가져갔다.

대부분의 서적에는 황금인간의 발굴자가 당시 고고학연구소의

| 황금 인간의 발굴 당시 모습

| 복원된 황금 인간

소장이었던 키말 아키셰프로 되어 있다. 실제로 그는 발굴을 지휘했고, 카자흐스탄 고고학의 중심에 있던 사람이다. 하지만 누루무한베토프는 일반인들로서는 상상할 수 없는 꼼꼼함과 치밀함으로 유적을 살폈고, 마지막까지 발굴의 뒤를 담당했다. 이때 발굴한 황금인간은 4000점에 이르는 자잘한 황금이 몸에 붙어 있었기 때문에 붙은 이름이다. 지금은 황금인간의 복원도 및 모형들을 카자흐스탄 전역에서 쉽게 볼 수 있다. 이런 일이 가능한 이유는 현장에서 수천 점의 황금을 자세하게 기록했기 때문이었다.

영웅의 뒷모습

2015년, 나는 누루무한베토프 선생을 만날 수 있었다. 따사로운 여름 초원의 햇빛 속에서 그의 은빛 수염이 빛나고 있었다. 이식에 대해서 이런저런 질문을 하던 나에게 친절하게 설명하던 그 모습이 아직도 눈에 선하다. 하지만 그때만 하더라도 누루무한베토프 선생이 한 일에 대해서는 자세히 알지 못했다. 선생에 대한 이야기는 그가 사망한 후에 제자와 동료들이 논문집을 출판하고 관련된 자료들을 공개하면서 알려졌다. 선생은 키말 아키셰프의 영광에 전혀 이의를 제기하지 않고, 이식 고분의 보존과 관리에 평생을 바쳤다. 이식 고분의 발굴을 자랑스러워했지만, 결코 그 공을 자기의 것으로 하지 않았다. 그는 죽을 때까지 이식 고분 박물관 귀퉁이에 자리를 마련해서 이식 고분의 보존에 힘썼다. 누군가가 선생을 칭찬이라도 하면 단지 자기는 운이 좋았을 뿐이라고만 말했다.

선생은 나에게 이식 고분을 더 보자고 권유했지만, 다음 일정 때문에 떠나야 했다. 대신 내년에 다시 보자는 약속을 하며 우리는 헤어졌다. 하지만 그것이 그와의 처음이자 마지막이었다. 1년 뒤에 내가 다시 그곳을 방문하니 이미 선생은 안 계셨다. 내가 오기 한 달 전에 세상을 뜨신 것이다.

사람에게 운명이 있듯이 유물에게도 운명이 있다. 발견에 울고 웃는 것이 고고학자이지만, 사실 고고학자들에게 황금이나 작은 돌조각이나, 유물은 모두 똑같은 유물 중 하나일 뿐이다. 중요한 것은 발견한 유물들을 최대한 꼼꼼하게 복원하는 것이다. 고고학도 인생과 같아서 우연한 행운이 가끔씩 찾아온다. 하지만 그 행운을 자기의 것으로 만드는 것은 고고학자들의 능력 그리고 유물에 대한 겸손한 마음이다. 그리고 한 가지 더한다면, 숨어 있는 진정한 고고학의 영웅을 찾아서 발굴하는 것, 그것은 후대 고고학자의 임무일 거라고 생각한다. 그건 어쩌면 유물을 발굴하는 것만큼이나 중요할지도 모른다.

서봉총과 이국의 황태자

19세기 이래로 서구 열강들은 경쟁적으로 보물찾기에 나섰다. 일본도 예외는 아니었다. 일본이 처음부터 한반도에서 황금을 찾을 것으로 기대한 건 아니었다. 원래 일본은 평양의 낙랑과 경남 일대의 가야 고분을 조사해서 한국의 북부는 중국 식민지, 남부는 일본의 식민지임을 증명하고자 했다. 이를 통해서 자신들의 식민지 경영을 역사적으로 합리화하고자 했다. 그러던 중 1921년, 경주의 파괴된 고분 근처에서 아이들이 구슬을 가지고 놀던 것이 알려지면서 한 고분이 조사되었다. 일본인들은 여기에서 화려한 신라의 금관을 최초로 발견한 것을 기념하여 이 고분을 '금관총'이라고 명명했다.

금관총의 발견은 조선총독부와 일본의 고고학자들에게 자신감을 불어넣었다. 자신들이 발굴한 신라의 금관이 세계 고고학계의 뉴스가 되고 고고학 잡지의 표지를 장식하게 된 것이다. 이에 일본은 신라의 찬란한 황금 유물로 서양 중심의 고고학 판도에서 자신들도 한자리를 차지할 수 있다고 생각했다. 때문에 이후부터 일본의 고고학은 식민지의 증명이 아니라 황금의 발견으로 방향을 선회하게 되었다.

경주 신라 고분에 대한 일제의 관리는 형편없었다. 1920년대, 일제는 경주에 철도를 건설하고 부속 건물들을 사용하면서 필요한 토사를 황남동 고분군 일대에서 채취했다. 2미터에 이르는 곡괭이로 고분군에서 흙을 퍼내갔으니, 당시 소형 고분에서 흘러내린 유물들은 사방에 널브러져 있었다. 하지만 어느 누구도 그 공사를 막지 못했다. 그 와중에 많은 고분들이 파괴되었다. 박물관에서 일본인 연구원들이 파견되었지만, 고작해야 파괴된 틈에서 유물을 수습했을 뿐이다.

문제는 돌과 흙이 더 필요하다는 데 있었다. 그때 일본의 눈에 파괴되어서 그 속살을 보기 흉하게 드러낸 한 신라 고분이 들어왔다. 직경 60미터에, 남아 있는 높이만 7미터나 되었던 거대한 고분이었다. 당시 경주시 관계자와 경주박물관의 고고학자는 이 고분의 봉분을 발굴해서 거기에서 나온 돌을 건축자재로 쓰고 나중에 봉분 아래의 무덤을 발굴하는 것으로 합의를 봤다. 어떻게 한 국가의 왕족 무덤을 건축자재로 쓰기 위해서 없앤다는 발상을 할 수 있을까 싶지만, 당시에는 수천 기의 무덤이 그렇게 사라지고 있었다.

철도에 깔 돌을 구하기 위해서 고분을 부수며 발굴을 하는 기상천외한 상황은 또 다른 이야기로 이어졌다. 아마추어 고고학자였던 스웨덴의 구스타프 왕자는 당시 일본을 방문해 여러 유물들을 시찰하고 있었다. 일본은 금관총의 금관에 대해 알고 있던 구스타프 왕자에게 비슷한 발굴을 하고 있으니 직접 발굴을 하는 게 어떻겠냐고 권유했다. 일본 고고학자들은 서봉총 발굴을 미리 해서 황금이 나오는 걸 확인한 후, 다시 살짝 덮은 뒤 구스타프 왕자를 초대했다. 왕자가 발굴할 때 옷에 흙이 묻지 않도록 목판을 만들어 놓기까지 했다.

구스타프 왕자는 준비된 목판 위에 누워서 허리띠 장식 몇 개를 흙속에서 찾아냈다. 이후 왕자가 서봉총의 금관을 직접 꺼내 유물상자에 넣는 장면에서 발굴 퍼포먼스는 절정에 달했다. 이 고분은 스웨덴을 의미하는 서瑞와 황금 봉황무늬를 의미하는 봉鳳을 따서 서봉총이라고 명명되었다. 이렇게 1500년의 시간을 두고 신라의 왕

| 서봉총 발굴 당시 구스타프 왕자의 모습

족과 스웨덴의 왕족 간의 만남은 마무리되었다. 물론 한국의 황금
유물을 통해서 스웨덴과의 돈독한 관계를 유지하고자 한 일제의 의
도도 완벽히 성공했다.

구스타프 왕자가 멀리 일본까지 와서 발굴에 참여했다는 것이
우리의 입장에서는 특이하게 보일 수 있다. 하지만 당시의 상황에
서는 전혀 이상할 것이 없었다. 19세기 후반부터 20세기 초반, 서
구의 왕족들 사이에서 널리 유행한 것이 바로 세계일주와 고고학
이었다. 서구의 왕족들은 세계를 식민지로 만들며 국력을 강화시
키기 위해서 경쟁하듯 이국에 대한 경험을 쌓았다. 몇 년의 시간을
들여 세계를 돌아다니는 것은 왕족의 필수 코스였다. 『80일 간의
세계일주』라는 소설이 나온 배경도 바로 여기에 있다. 또한 고고학

은 식민지를 만드는 과정에서 나오는 수많은 보물들을 체계적으로 관리하는 데에 필요했다. 사방을 식민지로 만들었다면, 그 안에서 나오는 중요한 보물이 무엇인지를 파악하고 가치를 평가할 수 있어야 했다. 그러니 세계 각국의 보물이 얼마나 있는지를 파악하는 건 개인의 취미를 떠나 각 나라의 국력을 파악하는 척도이기도 했다.

하지만 구스타프 왕자가 돌아간 이후 서봉총 발굴은 내팽개치듯 마무리되었다. 지금까지 이 발굴에 대한 보고서를 찾아볼 수가 없기 때문에 어떤 유물이 어디에서 나왔는지도 모른다. 전체 유물의 목록도 알 수 없다. 발굴 담당자들 사이에서도 서로 말이 다르다. 심지어 구스타프가 발굴한 유물도 그 흔적이 없다. 한자를 읽을 줄 알았던 구스타프는 한자로 부와 귀라는 글자가 쓰인 비단편을 확인하고 조심스레 그것을 수거했다. 하지만 지금 남아 있는 유물에서는 그것을 찾아볼 수 없다.

더 큰 문제는 서봉총 발굴 이후에 발생했다. 이 발굴을 실제로 담당했던 사람은 일본 나라 출신의 고이즈미 아키오라는 박물관 직원이었다. 그는 서봉총 발굴 이후 평양박물관의 관장으로 발령받았다. 그는 여기에서 고고학자로서는 할 수 없는 만행을 저질렀다. 1935년, 그는 평양에서 파티를 벌이면서 서봉총의 금관과 황금 장식을 당대 평양 최고의 기생이라는 차롱파에게 씌었다. 유물로 '코스프레'를 한 것이다. 아마 고이즈미의 문화재 농락은 그때가 처음이 아니었을 것이다. 왜냐하면 금관을 씌우는 것에 그치지 않고 허리띠, 목걸이 등 세부 장식들을 모두 기생에게 입혔기 때문이다. 이 희대의 사건을 벌였음에도 고이즈미는 가벼운 견책만을 받았다. 그는 1986년에 『조선 고대유적의 편력』이라는 책을 출판했는데, 한국에서 했던 문화재 조사에 대한 자화자찬으로 가득했다. 이 책에는 서봉총에서 구스타프 왕자를 만나서 같이 발굴했던 얘기가 자세하게 서술되어 있지만, 정작 서봉총에서 어떤 유물이 나왔는지, 왜 보고서는 내지 않았는지에 대해서는 전혀 언급이 없었다.

서봉총의 황금을 둘러싼 이야기에는 한국을 침탈하기 위한 철도사업에서 시작된 서봉총의 파괴, 황금을 이용한 일본의 신전사업 그리고 엉터리로 마무리된 발굴사업 등 일제강점기 한국의 고분을 둘러싼 제국주의 열강들의 침략사가 함축적으로 들어 있다. 우리로서는 참 답답한 노릇이다. 하지만 이것이 비단 한국만의 일은 아니었다. 지난 세기에 식민지에 처했던 세계 나라들의 운명이기도 했다.

그나마 한국은 식민지를 경험했던 다른 나라들보다는 사정이 나은 편이다. 이집트, 인도, 이란, 이라크 등 주요한 고대 문명이 있었던 지역은 더욱 혹독하게 도굴당했다. 그들의 유물은 지금도 유럽 각지의 박물관에 진열되어 있다. 한국의 경우 금관총, 서봉총처럼 일제강점기에 발굴된 황금 유물이 일본으로 유출되지 않고 남아 있는 건 불행 중 다행이 아닐 수 없다. 그 이유 중 하나는 일본이 예상치도 못하게 갑자기 패망했기 때문이다.

제2차 세계대전 말에 전세를 잘못 판단한 일본은 죽음을 불사하

| 최근 서봉총의 정경

더라도 연합국의 공격을 막아내겠다고 '1억 총옥쇄'를 외치면서 저
항했다. 그러던 중 1945년 8월에 나가사키와 히로시마에 핵공격을
받고 갑자기 항복을 선언했다. 그 결과 한국에 있었던 조선총독부
는 한반도에서 발굴된 보물들을 일본으로 빼돌릴 생각을 할 거를이
없었다. 서봉총의 유물로 물의를 일으킨 고이즈미 아키오의 회고록
에 따르면, 당시 기차의 화차 2량 분량의 가야 유물을 일본으로 도
망가는 연락선에 싣기 위해 보냈다고 한다. 하지만 중간에 사라졌
다는 대목이 있다. 후에 확인한 바에 따르면 이 유물들은 다행히도
국립중앙박물관으로 돌아갔다.

일제강점기의 이러한 슬픈 발굴 역사를 치유하는 방법으로 한국이 택한 건 '재발굴'이다. 이것은 과거에 발굴을 했던 무덤을 지금의 고고학자가 다시 발굴해서 당시의 잘못을 바로잡고 누락된 유물들이 있었나 살펴보는 것이다. 2015년에는 서봉총과 비슷한 시기에 발굴된 금관총을 재발굴했다. 그리고 당시 발굴된 금동 칼에서 '이사지왕'이라는 글씨가 있음도 새롭게 발견했다. 금관총의 주인공 이름이 나온 것이다. 지금 국립중앙박물관에는 40만 점이 넘는 유물이 있고, 그중 일제강점기에 발굴이나 도굴이 된 유물들은 수만 점에 달한다. 마치 억울하게 죽은 영혼을 달래는 '해원'의 씻김굿처럼 한

국의 고고학자들은 일제강점기 시절의 유물들을 하나씩 다시 정리하고 있다.

2019년 3월 따사한 봄바람이 부는 경주를 갔다. 일제강점기에 발굴된 또 다른 신라의 황금 고분인 금령총◦의 재발굴을 기념하는 특별전이 열리고 있었다. 화려한 금관과 황금 허리띠와 함께 일제강점기의 무분별한 발굴 그리고 경주박물관의 재발굴 과정을 보여주고 있었다. 언젠가는 서봉총도 우리의 손으로 재발굴될 때가 있을 것이다. 그때에는 화려한 황금의 뒤에 숨겨진 일본 제국주의의 실제 모습을 다시 밝히고 후대를 위한 본보기가 되길 기대한다.

화려하고 시간이 지나도 변하지 않는 황금으로 치장하면 영생을 얻을 수 있다고 생각하던 시절이 있었다. 우리는 살아가면서 돈이 중요하지 않다는 말을 지겹도록 많이 하거나 듣는다. 그게 정답인지는 모르겠지만, 적어도 고고학적으로 보면 그 말은 정확한 것처럼 보인다.

과거 수많은 사람들이 영생을 꿈꾸거나 죽은 뒤에도 여전히 부귀영화를 꿈꾸며 황금으로 치장하여 땅 속에 묻혔다. 하지만 그들의 흔적은 어디에서도 찾을 수 없다. 남아 있는 건 오직 황금뿐이다. 오히려 무덤에 넣은 황금이 많을수록 도굴꾼들의 우선 표적이 되었다. 무덤은 깨지고 황금은 빼앗겼다. 수많은 무덤을 발굴하면

◦ 금제 귀걸이가 발굴되었다고 붙여진 이름. 여기에서 발견된 금관은 크기가 매우 작아서 여성이나 아이가 썼다는 주장이 있다.

서 이처럼 덧없는 인간의 욕망을 깨닫게 되곤 한다. 그렇다면 정말 우리의 생에서 중요한 건 뭘까? 이 한 문장이 그 힌트가 되지 않을까 싶다.

"인생에서 가장 중요한 것들은 다 공짜야. 그걸 누릴 줄 알면 부자인 거야."

18

고고학이
밝히는 미래

"전에 있던 것도 다시 있을 것이며
이미 한 일도 다시 하게 될 것이니
세상에는 아무것도 새로운 것이 없나니."

- 「전도서」 1장 9절

우리의 과거는 매일 변한다

고고학이 다른 어떤 학문보다 미래를 지향하는 것은 역설적으로 새로운 자료로 과거들을 공부하기 때문이다. 고고학이 미래를 지향하는 학문인 이유는 기술이 발전할수록 고고학은 더욱 더 진보할 수밖에 없기 때문이다. 사람들은 흔히 고고학을 마치 먼지구덩이의 유물만을 꺼내는 고물상과 같은 존재로 생각한다. 유물이 예전 것이기 때문에 고고학자들도 고리타분할 것이라는 생각은 마치 노인들을 진료하는 병원의 의사도 똑같이 늙고 기술은 낡았을 것이라는 근거 없는 추측과 같다. 실상은 다르다. 고고학은 첨단과학의 각축장이다. 역사를 대상으로 하는 과학 중에서 가장 첨단의 기술을 도입하는 것이 바로 고고학이다.

문헌을 중심으로 연구하는 역사학은 근대 이후 많은 학문적인 발전이 있었지만, 역사 사료를 해석하고 그 내용을 비판한다는 기본 개념은 지난 수백 년간 거의 바뀌지 않았다. 반면 고고학은 다양한 연구방법으로 하루가 다르게 얻어내는 자료의 양도 늘고 분석방법도 바뀐다. 30여 년 전 내가 처음 대학에 들어갔을 때와 비교하면 지금은 모든 게 바뀌었다고 해도 과언이 아니다. 예컨대, 인류의 기원이나 네안데르탈인과 현생 인류에 대한 내용은 1년에도 수십 차례에 걸쳐 다른 견해들이 나온다.

내가 유학했던 시베리아과학원이 조사한 구석기시대 유적 중에 데니소바 동굴이 있다. 알타이 산맥 입구에 있는 이 동굴 앞은 항구적으로 사람들이 살 수 있도록 통나무 방갈로와 관광객들을 위한 숙소, 심포지엄을 위한 회의장까지 마련된 작은 마을처럼 된 고고학 기지이다. 알타이 지역으로 조사를 갈 때면 반드시 이 기지에 들러서 옛 친구들과 만나서 회포를 풀곤 하는데, 여기에서 발굴을 담당하는 연구원은 매년 만날 때마다 그동안의 통념을 바꾸는 새로운 발견이 나왔다며 흥분한다. 처음에는 귀를 좀 기울였지만, 주요 전공도 아닌지라 그냥 의례적인 것이라 생각했었다. 그리고 얼마 지나지 않아 그 연구원이 말했던 발견이 3센티미터가 되지 않는 자그마한 손끝의 뼈에 관한 것이었고, 그 주인공이 네안데르탈인과는 다른 새로운 인류인 '데니소바인'이라는 사실이 밝혀졌다. 한국의 여러 대중매체에도 소개되어 고고학에 조금만 관심이 있는 사람이라면 데니소바인은 친숙한 이름일 것이다. 이것이 최근 10여 년 사이에 일어난 일이다.

지금도 하루가 멀다 하고 새로운 인골이 발견되고 수많은 가설들이 발표되고 보도된다. '인류의 기원'이라는 간단한 키워드만 구글링해보아도 얼마나 많은 '인류의 기원을 밝히는 열쇠'가 발견되고 있는지 알 수 있다. 가끔 학생들이 얼마 전 나온 발견에 대해서 진짜냐고 물어보면 나는 시니컬하게 답하곤 한다.

"흠, 내가 그 발견의 신빙성을 확인하는 사이에 또 다른 발견이 나올 것 같군요."

언젠가는 더 이상 변하지 않는 사실이 나올 수 있다. 하지만 그것은 쉽지 않다. 인간의 과학과 기술이 계속 발전하고 있기 때문이다. 기술이 발전할수록 우리가 발굴하고 해석하는 기술 역시 발달할 것이다. 이미 발굴이 된 유적과 유물도 새로운 기술로 재해석될 게 분명하다.

그러니 아이러니하게도 과거는 변하지 않는 객관적인 사실이 아니라 계속 변하고 있다고 말할 수 있다. 50년 전만 해도 한국에서는 청동기는 사용한 적이 거의 없고, 석기시대를 살다가 갑자기 철기와 청동기를 사용했다고 생각했다. 하지만 지금은 한반도에서 청동기가 실제 사용된 시점은 3000년 전이고 논농사를 짓고 비파형동검을 사용했으며 거대한 무덤을 만들던 사람이라고 밝혀지고 있다. 1만 5000년 전 구석기시대 사람들은 원시적인 사람들이라고 생각했지만, 이미 토기를 사용하고 신전을 만들던, 돌도끼를 들고 토끼를 쫓아다니던 미개한 사람들이 아니었다라고, 인식이 바뀌고 있다.

데이비드 로웬덜 교수는 『과거는 낯선 나라다』라는 책에서 우리가 생각하는 과거에 대한 이해가 비약적으로 증가하기 때문에 과거는 하나의 고정된 역사가 아니라 계속 바뀌어가는 '낯선 나라'라고 말했다. 사실 고고학이 연구하는 과거의 모습도 비슷하다. 매일 추가되는 자료로 우리가 생각하는 과거의 모습은 바뀐다. 우리는 과거를 통해서 미래를 예측하는데, 그 과거는 끊임없이 다시 해석되고 바뀐다. 고고학 자료가 바뀐다는 건 결국 우리의 인식도 바뀐다는 것이다. 과거는 현재의 노력으로 되살아나고, 그렇게 되살아난 과거는 미래를 설계하는 우리들에게 주어진 선물이 되는 셈이다.

고고학의 미래

인간에게 영원한 것이 없듯이 고고학이라는 학문이 사라진다면 어떤 이유에서일까를 상상해볼 수 있다. 내가 원하는 과거로 혹은 미래로 갈 수 있다면 고고학은 필요 없을 것이라고 사람들은 흔히 생각한다. AI 기술이 상용화되면 고고학 같은 건 사라지지 않을까? 하지만 타임머신이 발명되고 제아무리 AI 기술이 발달한다 해도 고고학은 사라지지 않을 것이다.

수많은 영화에서 쓰이는 클리셰처럼 지금 당신 앞에 타임머신이 놓여 있다면 어디로 가고 싶은가? 신라 삼국통일의 현장으로 가서 어떻게 하나의 나라로 통합되었는지 알고 싶다고 생각해보자. 고대 한국어나 일본어를 명확히 이해하는 것이 쉽지 않을 것임은 당연하다. 각지에서 일어나는 크고 작은 전쟁의 실상을 일일이 조사하는 데에도 몇 년이 걸릴지 모른다. 그리고 고구려, 백제, 신라 사람들이 느끼는 통일에 대한 시각은 판이할 것이다. 그러니 내가 만나고 인터뷰하는 사람이 누구냐에 따라서 삼국통일은 완전히 다르게 해석될 것이다. 같은 영화를 보아도 그 느낌이 다른데 하물며 거대한 사건에 대한 해석이 단조로울 리가 없다. 즉 타임머신이 발명된다면 과거는 파편만 남은 유물로서가 아닌 전체로서 학자들에게 다가온다. 타임머신이 발명된다면 오히려 고고학이 연구할 자료는 기하급수적으로 증가할 것이다.

한편, AI 기술이 발달하면서 고고학자들은 현장에서 도면을 작업하고 유물을 정리하는 많은 일에서 해방될 가능성이 커졌다. 그렇지만 AI가 고고학자의 모든 업무를 대신하기는 어려울 것이다. 현장에서의 미묘한 땅의 상태 그리고 육안과 감으로 판단할 수밖에 없는 유물 발굴의 상황을 AI가 대신한다? 아무래도 무리이지 싶다. 하지만 AI 기술의 도입이 더 나은 작업 환경을 만들어주는 데는 확실히 기여한다고 생각한다.

고고학은 다른 학문에 비해서 현장에서의 작업이 유독 많이 이루어진다. 유물을 발굴하고 세척하고 도면과 사진을 남기는 작업이 전체 작업량의 80~90%에 달한다. 하지만 디지털 기술이 도입되어서 발굴과 동시에 각 유물에 바코드가 부여된다면 자연스럽게 유물의 위치가 GPS로 표시되고, 이후 세척하고 보관되는 전 과정이 기록에 남기 때문에 유물 관리는 훨씬 용이해질 것이다. 그리고 유물의 현황을 도면에 옮기는 실측이라는 작업도 대폭 간소화될 것이다. 이미 발굴 현장에서는 3D 스캔이나 사진 실측이 상당 부분 도입되었다. 보존하기 어려운 벽화나 초원의 암각화들도 스캔해 컴퓨터 스크린으로 더 상세하게 조사를 할 수 있고 3D 프린터로 실물처럼 제작해 볼 수도 있다. 사실 요즘 현장에서 일하는 것을 보면 내가 공부할 때와 너무 비교되어서 배가 아플 지경이다. 과거 나는 함척을 들고 측량을 하기 위해서 몇 킬로미터씩을 예사로 걸었고, 캠

프에 돌아와서는 손으로 지도를 만들며 밤을 새야 했다. 유적 전체를 보여줄 수 있는 사진을 찍기 위해 안전장비도 제대로 갖추지 않고 나무에 올라가기도 했다. 지금은 그 모든 것을 드론이 대신한다. 심지어 최근 유라시아 초원을 연구하는 학자들은 구글어스를 이용해서 각 유적의 상관관계에 대해 발표하기도 했다. 격세지감을 느낄 수밖에 없다.

물론 직접 땅을 파야 하는 작업을 AI가 대신하기는 어려우니 고고학자의 역할은 쉽게 변하지 않을 것이라고 생각할 수도 있다. 하지만 실상은 그렇지만도 않다. 기술이 발전하면 어쩔 수 없이 그 자리에 있어야 할 인력이 줄어들 가능성이 존재한다. 때문에 현대의 고고학자에게는 새로운 과제가 부여되는 것이다. 고고학자로서의 안목과 식견을 키워야 하는 것이다. 고고학자들의 본연의 목적인 '과거의 유물을 통해 사람의 본질을 연구하는 것'에 더 집중해 사유해야 한다. 그렇게 해야만 사람을 연구하는 고고학의 진정한 목적을 이룰 수 있을 것이다.

고고학은 인간의 흥망성쇠와 그 운명을 같이하는 학문이다. 인간이 생존을 거듭하며, 자신의 현재와 과거를 느낄 수 있는 지각이 사라지지 않는 한 고고학은 이어진다. 이 글을 쓰고 있는 나 그리고 이 책을 손에 쥔 독자 그리고 지금 이 세계를 살고 있는 모든 사람은 먼 미래에 고고학 자료가 된다.

조상의 과거를 알고자 하는 호기심과 인간 자체에 대한 탐구 정신이 있는 한 고고학은 계속 발전할 것이다. 아무리 현대 과학이 진화한다고 해도 흙 속에서 자기 손으로 유물 한 조각을 찾아내는 기쁨 그리고 그 순간 고고학자가 느끼는 과거와의 소통은 무엇과도 바꿀 수 없기 때문이다. 인류가 멸망하지 않는 한 고고학은 계속된다.

어디에도 없는
혹은 어디에나 있는

"역사의 진실은 화려한 황금이 아니라
사소해 보이는 토기 한 조각 한 조각에 숨어 있다."

– 필자

"우리는 왜 고고학을 공부하는가"라는 질문에 대해 생각해봅니다. 제가 처음 고고학과에 진학했을 때에 선배들로부터 들은 질문이었습니다. 그리고 30년이 지난 지금도 수없이 되뇌는 질문입니다.

저는 고고학이 있는 이유를 인간이 진화하며 이 세상에 살아남은 과정에서 생각해봅니다. 인간은 기억의 동물입니다. 인간은 자신이 과거에 겪어온 것을 통해서 학습을 하고 지식을 얻습니다. 그리고 그 지식을 통해 미래를 예측하고자 합니다. 그렇기 때문에 고고학자들은 죽음, 폐허, 비극과 같은, 흔히 인류가 부정적으로 생각하는 장면에서 가슴 설레합니다. 새롭게 밝혀낼 과거를 생각하기 때문입니다. 이탈리아 베수비오 화산의 폭발로 잿더미에 묻힌 폼페이는 지금도 전 세계적으로 유명한 고고학 유적입니다. 절규하면서 아이를 끌어안고 그대로 굳어버린 어머니의 석고상부터 시작해서 막 타임캡슐을 꺼내놓은 듯한 생생한 모습은 우리의 상상력을 자아냅니다.

그런데 실제 고고학을 전공하면서 겪는 삶은 일반인들의 상상과는 많이 다릅니다. 고고학의 이상과 현실은 너무나 괴리가 크기 때문입니다. 고고학자들이라면 흔히 발굴을 해서 유물을 찾는 것이 전부라고 생각하곤 합니다. 하지만 유물을 찾아내는 것은 고고학 연구의 시작일 뿐입니다. 화려한 황금이나 깨진 토기 조각 속에 숨어 있는 사람을 밝혀내는 것이 고고학의 진정한 목적이기 때문입니다. 대학에서 교편을 잡는 고고학자로서의 또 다른 큰 역할은 고고학이 무엇인지를 소개하는 것입니다. 고고학에 관심을 갖고 저를 찾아오는 학생들을 볼 때마다 제가 처음 고고학의 문을 두드릴 때를 떠올립니다. 그 친구들은 제게 진정한 고고학이 무엇인지를 늘 돌아보게 합니다.

제게 고고학은 행복한 학문입니다. 하지만 이리저리 파괴되고 흩어진 과거의 기억 속에서 답을 찾는 과정은 쉽지 않습니다. 살아 있는 사람의 마음도 제대로 알지 못하면서 무덤에 누워 있는 과거 사람들의 삶을 몇 가지 유물로 추정하는 것이 과연 가능할까. 솔직히 가끔은 확신할 수가 없습니다.

고고학은 어린 아이들이 좋아하는 퍼즐 맞추기에 비유할 수 있습니다. 다양한 파편을 맞추다가 한 부분이 맞는 순간의 짜릿한 기쁨이 있습니다. 그렇지만 퍼즐과 달리 고고학에는 보고 참고할 정답그림이 없습니다. 게다가 빠진 조각이 너무나 많습니다. 그러니 완벽하게 맞추기가 불가능한 퍼즐이라고나 할까요. 그래서 고고학이 과거 사람의 모습을 밝히는 것이 궁극적인 목적임에도 불구하고, 저를 포함한 대부분의 고고학자들은 유물의 수량과 연대, 만드는 방법 등과 같은 유물 자체에 대한 분석에서 연구를 끝내기도 합니다. 유물과 유적을 볼 때 느껴지는 다양한 인사이트 그리고 죽음을 기억하는 무덤에서 느껴지는 여러 느낌들은 제 개인적인 수첩에만 기록해둘 뿐이었습니다.

이 책에 나온 이야기들은 개인적이고 감정적인 저만의 수첩 속에 적혀 있던 것들입니다. 이제 와 다시 읽어보니 약간은 부끄러운 마음이 들기도 합니다. 하지만 고고학이 보물찾기가 아니라 유물을 통해 사람을 찾아내고, 그 사람들이 우리와 다를 것 없는 똑같은 사람이었다는 소중한 깨달음을 여러분께서도 알아주기를 바라는 마음에 이 책을 펴냅니다.

이 책을 쓰는 내내 기호학자이며 역사학자인 움베르토 에코의 소설 『푸코의 진자』가 떠올랐습니다. 여기에 등장하는 '푸코의 진자'는 지구의 자전을 증명하기 위하여 프랑스의 물리학자 베르나르 푸코가 발명한 장치입니다. 지구에 살고 있는 우리는 느끼지 못하는 지구의 자전을 설명하기 위한 장치죠. 우리는 지구의 자전을 느낄 수 없습니다. 대신에 천장에 추를 달아서 그 추가 회전하듯 움직이면서 진자운동을 하는 것을 통해 지구가 돌아간다는 것을 느낄 수 있습니다. 고고학자들이 찾고자 하는 과거의 사실도 결국 푸코의 진자와 같습니다.

사실 어느 누구도 과거를 완벽하게 객관적인 시선으로 바라볼 수는 없습니다. 대신 우리는 단편적인 자료들을 모아 해석을 하며 과거에 대한 접근을 계속 시도합니다. 시행착오를 거치며 계속 고고학 자료를 정리해 나갈 때 비로소 진실의 한 자락을 잡을 수 있을 것입니다. 과거의 모습을 그리워하지만, 우리에게 남아 있는 것은 파편에 불과합니다. 이미 죽어버린 과거를 앞에 두고 우리는 과거의 단편들을 긁어모아 과거의 사람들을 생각하는 것은 고통스러운 과정이지만, 또 무척 보람된 과정이기도 합니다. 과거 인간의 삶을 우리가 밝혀내지 못한다고 해도 우리도 포함한 과거를 그리워할 후대의 고고학자에게 그 몫을 남겨두는 것 또한 나쁘지 않을 것입니다.

　마지막으로 감사의 글을 빼놓을 수 없겠지요. 이제까지 볼 수 없었던 새로운 차원의 고고학 책을 시도하려는 저를 적극 후원하고 기획하신 흐름출판사의 유정연 대표님과 조현주 부장님께 깊은 감사를 드립니다. 그리고 일일이 성함을 적지 못하지만 지난 30여 년간 현장에서 저와 함께한 한국과 유라시아 일대에서 활동하시는 동료 고고학사들께도 감사한 마음을 전합니다. 바쁜 외중에 추천의 글을 흔쾌히 써주신 유홍준 교수님, 배기동 국립박물관 관장님 그리고 한국고고학회 회장 이청규 교수님께도 감사드립니다. 그리고 유물로 또는 인골로 남아서 저에게 많은 인사이트와 교훈을 주신 제 손을 거쳐 간 이름 모를 과거의 수많은 분들에게도 감사드립니다. 이 책은 이 세상을 사랑으로 살아오며 역사를 만들어온 그분들에게 바치는 게 마땅할 것 같습니다.

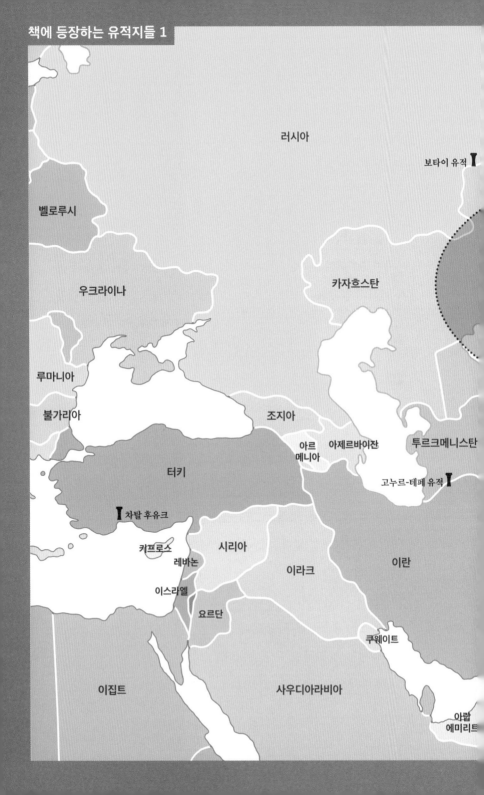

책에 등장하는 유적지들 1

바라바 평원의 움무덤

알타이 칼박타시 파지릭 고분

아크-알라하 고분

몽골

사카문화

이식 고분

수바시

탐갈리 유적

선선 양하이

샤오허 유적

키르기스스탄

우즈베키스탄

타지키스탄

중국

아프가니스탄

파키스탄

네팔

인도

러시아

카자흐스탄

몽골

노인-울라 고분

우즈베키스탄

키르기스스탄

투르크메니스탄

타지키스탄

중국

아프가니스탄

파키스탄

인도

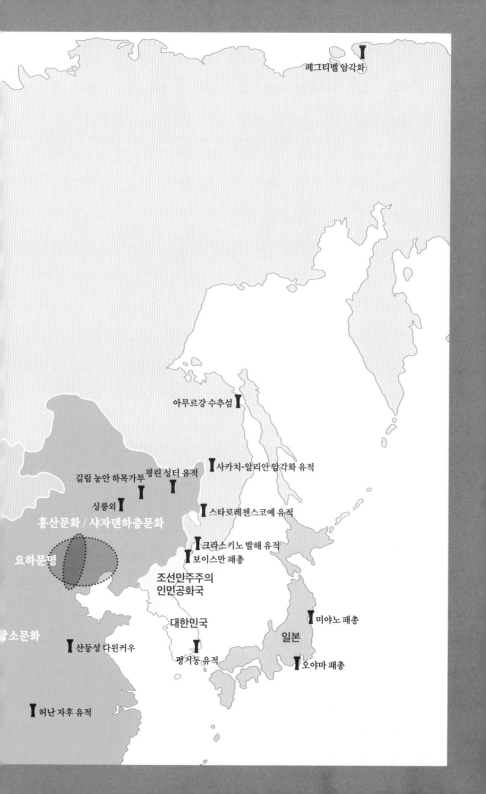

페그티멜 암각화

아무르강 수추섬

길림 농안 하목가투   평린 성터 유적

싱룽와

홍산문화 / 샤자덴하층문화

요하문명

스타로레첸스코예 유적

크라스키노 발해 유적
보이스만 패총

조선민주주의
인민공화국

사카치-알리안 암각화 유적

대한민국

일본

미야노 패총

가소문화   산둥성 다윈커우

평거동 유적

오야마 패총

허난 자후 유적

이 책에 등장하는 사진 대부분은 필자가 직접 촬영한 사진입니다. 이 밖에 퍼블릭 도메인을 제외하고 저작권자를 찾지 못하여 게재 허락을 받지 못한 일부 사진에 대해서는 저작권자가 확인되는 대로 게재 허락을 받고 통상의 기준에 따라 사용료를 지불하도록 하겠습니다.

강인욱의 고고학 여행

초판 1쇄 발행 2019년 6월 25일
초판 6쇄 발행 2024년 1월 25일

지은이 강인욱
펴낸이 유정연

이사 김귀분
책임편집 조현주 **기획편집** 신성식 유리슬아 서옥수 황서연 정유진 **디자인** 안수진 기경란
마케팅 반지영 박중혁 하유정 **제작** 임정호 **경영지원** 박소영

펴낸곳 흐름출판(주) **출판등록** 제313-2003-199호(2003년 5월 28일)
주소 서울시 마포구 월드컵북로5길 48-9
전화 (02)325-4944 **팩스** (02)325-4945 **이메일** book@hbooks.co.kr
홈페이지 http://www.hbooks.co.kr **블로그** blog.naver.com/nextwave7
출력 · 인쇄 · 제본 (주)상지사 **용지** 월드페이퍼(주) **후가공** (주)이지앤비(특허 제10-1081185호)

ISBN 978-89-6596-327-1 03900